Philipp Lutz

Definitionen für die Strafrechtsklausur

Unentbehrliche, griffige Formulierungen aus dem AT & BT zum Auswendiglernen

3. Auflage 2008

ISBN 978-3-86724-050-5

3. Auflage 2008

© 2008 Niederle Media

Bezug möglich direkt vom Verlag
Niederle Media
48341 Altenberge
Fax (02505) 93 98 99
E-Mail: info@niederle-media.de
www.niederle-media.de

Lektorat: Thomas Schröder

Druck:
TOPOL*graf*SA

▶ Inhalt

▶ Definitionen für die Strafrechtsklausur

▶ Vorwort

Dieses Skript ist gedacht als Lernhilfe für Strafrechtsklausuren sowie für die mündliche Prüfung im Strafrecht. So wie man eine Fremdsprache nur erlernen kann, wenn man regelmäßig Vokabeln „paukt", kann man auch eine Strafrechtsklausur nur dann bewältigen, wenn man vorher die zentralen Definitionen auswendig gelernt hat.

Wann sind z.b. die Voraussetzungen der „Heimtücke" oder der „Habgier" in § 211 gegeben? Was versteht man unter einem „gefährlichen Werkzeug" oder einem „hinterlistigen Überfall" i.S.d. § 224? Wann ist eine Sache „fremd" i.S.d. § 242? Das Skript orientiert sich dabei an den gängigen Standard-Kommentaren, z.B. *Schönke/Schröder* und *Tröndle/Fischer*.

Die im Skript genannten Begriffe kann man sich am besten aneignen, wenn man – wie bei einem Vokabelheft – eine Hälfte der Seite mit einem Stück Papier etc. abdeckt und ausprobiert, ob die aufgelisteten Begriffe bekannt sind.

Da das Beherrschen der Definitionen alleine nicht für das erfolgreiche Bestehen einer Klausur ausreicht, empfehlen wir außerdem, das Lösen von Fällen mit Hilfe von Fallsammlungen zu trainieren. Hierfür sind z.B. die *Standardfälle* gut geeignet. Für Ihre Klausuren etc. drücken wir schon jetzt ganz fest die Daumen,

Philipp Lutz & Jan Niederle

▶ Unsere 📖 Skripten 📑 Karteikarten 🎧 Hörbücher (Audio-CDs)

Zivilrecht (je 7 €*)
- 📖 Standardfälle für Anfänger und 📖 Standardfälle für Fortg.
- 📖 Grundlagen und Fälle BGB für 1. und 2. Sem. (9,90 €)
- 📖 Standardfälle BGB AT
- 📖 Standardfälle Schuldrecht (7,90 €)
- 📖 Standardfälle Ges. Schuldverh. (§ 677, 812, 823) (7,90 €)
- 📖 Standardfälle Sachenrecht
- 📖 Standardfälle Familien- und Erbrecht
- 📖 Originalklausuren Übung für Fortgeschrittene
- 📖 🎧 Basiswissen BGB (AT) (Frage-Antwort)
- 📖 🎧 Basiswissen SchuldR (AT) und 📖 🎧 SchuldR (BT)
- 📖 🎧 Basiswissen Sachenrecht, 📖 🎧 FamR, 📖 🎧 ErbR
- 📖 Einführung in das Bürgerliche Recht
- 📖 Studienbuch BGB (AT) (9,90 €)
- 📖 Studienbuch Schuldrecht (AT) (9,90 €)
- 📖 Schuldrecht (BT) 1 - §§ 437, 536, 634, 670 ff.
- 📖 Schuldrecht (BT) 2 - §§ 812, 823, 765 ff.
- 📖 SachenR 1 - Bewegl. S., 📖 SachenR 2 - Unbewegl S.
- 📖 Familienrecht und 📖 Erbrecht
- 📖 Streitfragen Schuldrecht
- 📖 🎧 Definitionen für die Zivilrechtsklausur (9,90 €)

Strafrecht (je 7 €*)
- 📖 Standardfälle für Anfänger Band 1 (9,90 €)
- 📖 Standardfälle für Anfänger Band 2
- 📖 Standardfälle für Fortgeschrittene (9,90 €)
- 📖 🎧 Basiswissen Strafrecht (AT) (Frage-Antwort)
- 📖 Basiswissen Strafrecht (BT) in Vorbereitung
- 📖 Strafrecht (AT)
- 📖 Strafrecht (BT) 1 - Vermögensdelikte (7,90 €)
- 📖 Strafrecht (BT) 2 - Nichtvermögensdelikte (7,90 €)
- 📖 Jugendstrafrecht/Strafvollzug/Kriminologie
- 📖 🎧 Definitionen für die Strafrechtsklausur

Öffentliches Recht (je 7 €*)
- 📖 Standardfälle Staatsrecht I - StaatsorgaR (9,90 €)
- 📖 Standardfälle Staatsrecht II - Grundrechte (9,90 €)
- 📖 Standardfälle für Anfänger (StaatsorgaR u. Grundrechte)
- 📖 Standardfälle Verwaltungsrecht (AT) (7,90 €)
- 📖 Standardfälle Verwaltungsrecht für Fortgeschrittene
- 📖 Standardfälle Baurecht (7,90 €)
- 📖 Standardfälle Europarecht (7,90 €)
- 📖 Standardfälle Kommunalrecht (7,90 €)
- 📖 🎧 Basiswissen Staatsrecht I - StaatsorgaR (Frage-Antw.)
- 📖 🎧 Basiswissen Staatsrecht II - GrundR (Frage-Antw.)
- 📖 Basiswissen Verwaltungsrecht AT- (Frage-Antwort)
- 📖 Studienbuch Staatsorganisationsrecht (9,90 €)
- 📖 Studienbuch Grundrechte (9,90 €)
- 📖 Studienbuch Verwaltungsrecht AT (9,90 €)
- 📖 Studienbuch Europarecht (9,90 €) u. 🎧 Basiswissen EuR
- 📖 Staatshaftungsrecht (7,90 €)
- 📖 Verwaltungsrecht (AT) 1 - VwVfG u. 📖 (AT) 2 - VwGO
- 📖 Verwaltungsrecht (BT) 1 - POR (7,90 €)
- 📖 Verwaltungsrecht (BT) 2 - BauR u. 📖 (BT) 3 - UmweltR
- 📖 🎧 Definitionen Öffentliches Recht (9,90 €)

Steuerrecht (je 7 €*)
- 📖 Abgabenordnung (AO)
- 📖 Einkommensteuerrecht (EStG) (7,90 €)
- 📖 Umsatzsteuerrecht (UStG) (7,90 €)
- 📖 Erbschaftsteuerrecht: erscheint ca. November 2008!
- 📖 Steuerstrafrecht/Verfahren/Steuerhaftung (7,90 €)

Sozialrecht (je 7 €*)
- 📖 Kinder- und Jugendhilferecht
- 📖 Sozpäd. Diagn.: SPFH & ambul. Hilfen d. KJH
- 📖 Sozialrecht

Nebengebiete (je 7 €*)
- 📖 Standardfälle Handels- & GesellschaftsR
- 📖 Standardfälle Arbeitsrecht (7,90 €)
- 📖 🎧 Basiswissen Handelsrecht (Frage-Antwort)
- 📖 🎧 Basiswissen Gesellschaftsrecht (Fra.-Antwort)
- 📖 🎧 Basiswissen ZPO (Frage-Antwort) (7,90 €)
- 📖 🎧 Basiswissen StPO (Frage-Antwort)
- 📖 Handelsrecht
- 📖 Gesellschaftsrecht
- 📖 Arbeitsrecht (7,90 €)
- 📖 Kollektives Arbeitsrecht (7,90 €)
- 📖 ZPO I - Erkenntnisverfahren (7,90 €)
- 📖 ZPO II - Zwangsvollstreckung
- 📖 Strafprozessordnung - StPO
- 📖 IPR (9,90 €) und 📖 Standardfälle IPR (9,90 €)
- 📖 Insolvenzrecht
- 📖 Gewerbl. Rechtsschutz/Urheberrecht (7,90 €)
- 📖 Wettbewerbsrecht (7,90 €)
- 📖 500 Spezial-Tipps f. Juristen (10,90 €)
- 📖 Mediation (7,90 €)

Karteikarten (je 8,90 €)
- 📑 Zivilrecht: BGB AT/SchuldR/SachenR/Schemata
- 📑 Strafrecht: AT/BT-1/BT-2/Streitfragen
- 📑 Öffentliches Recht: StaatsorgaR/GrundR/VerwR
- 📑 Nebengebiete: ab November 2008

Assessorexamen (je 7 €*)
- 📖 Die Relationstechnik
- 📖 Der Aktenvortrag im Strafrecht
- 📖 Der Aktenvortrag im Wahlfach Strafrecht
- 📖 Der Aktenvortrag im Zivilrecht
- 📖 Der Aktenvortrag im Öffentlichen Recht
- 📖 Urteilsklausuren Zivilrecht
- 📖 Anwaltsklausuren Zivilrecht
- 📖 Staatsanwaltl. Sitzungsdienst & Plädoyer (7,90 €)
- 📖 Die strafrechtliche Assessorklausur
- 📖 Die öff.-rechtl. Assessorklausur Bd.1 (7,90 €)
- 📖 Die öff.-rechtl. Assessorklausur Bd.2
- 📖 Zwangsvollstreckungsklausuren
- 📖 Vertragsgestaltung in der Anwaltsstation

BWL & VWL (je 7 €*)
- 📖 Einführung in die Betriebswirtschaftslehre
- 📖 Einführung in die Volkswirtschaftslehre
- 📖 Ratg. „500 Spezial-Tipps für BWLer"
- 📖 Rechnungswesen
- 📖 Marketing
- 📖 Organisationsgestaltung & -entwickl. (7,90 €)
- 📖 Internationales Management
- 📖 Unternehmensführung
- 📖 Wie gelingt meine wiss. Abschlussarbeit?
- 📖 Ratgeber Assessment Center

Schemata (je 9,90 €)
- 📖 Die wichtigsten Schemata - ZivR,StrafR,ÖR
- 📖 Die wichtigsten Schemata - Nebengebiete

---

* 7,00 €, soweit nicht ein anderer Preis in ( ) angegeben ist! Irrtümer/Änd. vorbehalten!
🎧 bedeutet: auch als **Hörbuch** (Audio-CD) lieferbar (7,90 €)

Im niederle-shop.de bestellte Artikel treffen idR *nach 1-2 Werktagen* ein!

1. Lektion: Die Straftat, Grundlagen

Subsumtion	Prüfung, ob ein konkreter Sachverhalt von der abstrakten Norm erfasst wird
Handlungsbegriff	Der **sozialen** Handlungslehre zufolge ist Handlung das vom menschlichen Willen beherrschte oder beherrschbare, sozialerhebliche Verhalten.
Grammatikalische Auslegung	Orientierung am **Wortlaut** des Gesetzes
Systematische Auslegung	Keine Norm darf im **Widerspruch** zu einer anderen Norm bzw. der Kodifikation ausgelegt werden
Teleologische Auslegung	Fragt nach dem objektiven **Sinn** und Schut**zzweck** der Gesetzesvorschrift
Historische Auslegung	Heranziehung der Entstehungsgeschichte des Gesetzes und Ermittlung des Willens der an der Entstehung beteiligten Personen
Analogie	Ausdehnung von Rechtssätzen auf einen im Gesetz nicht geregelten oder vom Gesetzeswortlaut nicht mehr erfassten Fall. In der Praxis: Übertragung der für einen Tatbestand X angeordneten Rechtsfolge auf einen Tatbestand Y, sofern 1. Tatbestand Y im Gesetz **nicht geregelt** ist, 2. die **Gesetzes-**

lücke vom Gesetzgeber **nicht beabsichtigt** war und 3. beide Tatbestände **gleich zu bewerten** sind. Im Strafrecht gilt allerdings das Verbot der Analogie zu Lasten des Täters, vgl. § 1 StGB und Art. 103 II GG.

Bestimmtheitsgebot

Das Bestimmtheitsgebot besagt: Ein Strafgesetz muss ein Mindestmaß an Bestimmtheit aufweisen, so dass Regelungsgehalt und Reichweite für die Adressaten erkennbar sind

Rückwirkungsverbot

Verbot, ein **nach** der Tat erlassenes Gesetz auf diese anzuwenden, Art. 103 II GG.

Verbrechen (§ 12 I)

Rechtswidrige Taten, die im Mindestmaß mit Freiheitsstrafe von **einem Jahr** und **darüber** bedroht sind => Versuch eines Verbrechens: stets strafbar (§ 23 I)

Vergehen (§ 12 II)

Rechtswidrige Taten, die im Mindestmaß mit einer **geringeren** Freiheitsstrafe **als einem Jahr** oder mit **Geldstrafe** bedroht sind => Versuch eines Vergehens: nur strafbar, wenn gesetzlich bestimmt (§ 23 I)

2. Lektion: Einteilung der Delikte

Konkretes Gefährdungsdelikt

Delikt, bei dem die aus einer menschlichen Handlung möglicherweise resultierende Gefahr eine **konkrete** sein muss => Beispiele: §§ 221, 315c

Abstraktes Gefährdungsdelikt

Delikt, bei dem es **unerheblich** ist, ob im konkreten Fall eine Gefahr für das Schutzgut auch **tatsächlich** eingetreten ist => Beispiele: §§ 231, 316

(schlichtes) Tätigkeitsdelikt

Delikt, bei dem der Tatbestand allein durch die Handlung als solche erfüllt wird und ein konkreter Erfolg **nicht** erforderlich ist. => Beispiele: §§ 153, 154

Erfolgsdelikt

Delikt, bei dem der Tatbestand einen von der Handlung **abgrenzbaren Erfolg** in der Außenwelt voraussetzt. => Beispiele: §§ 212, 211

Kupiertes Erfolgsdelikt

Delikt, bei dem ein Erfolg nicht in den Tatbestand einbezogen ist, jedoch eine auf den Erfolg zielende **Absicht** des Täters verlangt wird. => Beispiel: § 263

Erfolgsqualifiziertes Delikt

Durch die Verwirklichung eines bestimmten Grunddelikts wird **zumindest fahrlässig** (§ 18) eine besondere Folge der Tat herbeigeführt => Beispiele: §§ 227, 251

Echtes Unterlassungsdelikt	Delikt, bei dem der Täter eine vom Gesetz geforderte Tätigkeit unterlässt und damit gegen eine Gebotsnorm verstößt => Beispiele: §§ 138, 323c
Unechtes Unterlassungsdelikt	Delikt, das durch die Nichtabwendung des tatbestandsmäßigen Erfolges durch Unterlassen bei Bestehen einer Garantenstellung erfüllt wird => Beispiel: §§ 212, 13
Dauerdelikt	Das vorsätzliche Fortdauernlassen eines rechtswidrigen Zustands ist tatbestandsverwirklichend => Beispiele: §§ 123, 239
Zustandsdelikt	Delikt, bei dem bereits das Herbeiführen eines Zustandes den Unrechtstatbestand verwirklicht => Beispiele: §§ 223, 242
Eigenhändiges Delikt	Delikt, das nur durch **eigenhändige** Vornahme der Tathandlung verwirklicht werden kann. Wer die Tathandlung **nicht persönlich** vornimmt, kann nur Teilnehmer, nicht aber mittelbarer Täter sein => Beispiele: §§ 153, 154
Allgemeindelikt	Delikt, welches von **jedermann** begangen werden kann => Beispiele: §§ 212, 223, 242

Echtes Sonderdelikt	Täter kann nur sein, wer eine bestimmte **Subjektsqualität**, also eine spezifische Eigenschaft hat, die vom Gesetz gefordert wird => Beispiele: §§ 331,332 (Amtsträger")
Unechtes Sonderdelikt	Delikt kann in seiner Grundform von jedermann begangen werden, die besondere Eigenschaft des Handlungssubjekts wirkt jedoch **strafschärfend** => Beispiele: §§ 120 II, 340
Pflichtdelikt	Täter kann nur sein, wer die im Tatbestand beschriebene **Pflicht** hat => Beispiel: § 142 („Feststellungs-/Wartepflicht")

3. Lektion: Allgemeiner Teil, Grundlagen

Kausalität	Ursachenzusammenhang zwischen Tathandlung und Taterfolg
Äquivalenztheorie	**Ursächlich** ist danach jede Bedingung eines Erfolges, die nicht hinweggedacht werden kann, ohne dass der Erfolg in seiner **konkreten** Gestalt entfiele („conditio-sine-qua-non-Formel")
Hypothetische Kausalität	Eine andere, tatsächlich aber nicht wirksam gewordene Reserveursache hätte den Erfolg wenig später auch bewirkt. In der Regel ist nur die Kausalität der allein wirksam gewordenen Ursache von Interesse für das Strafrecht

Kumulative Kausalität

Mehrere, unabhängig voneinander gesetzte Bedingungen führen erst durch ihr Zusammenwirken den Erfolg herbei, wobei jede Handlung für sich allein nicht ausgereicht hätte. **Beispiel:** X und Y mischen unabhängig voneinander Gift in den Kaffee des O, den dieser trinkt und daraufhin verstirbt. Die Menge des von X bzw. Y verwendeten Giftes hätte jeweils für sich betrachtet bei O nur Magenkrämpfe und Erbrechen ausgelöst.

Alternative Kausalität /
Doppelkausalität

Zwei voneinander unabhängig gesetzte Bedingungen führen **gleichzeitig** den Erfolg herbei. Beide für sich allein hätten zur Erfolgsherbeiführung ausgereicht. **Beispiel:** X und Y mischen unabhängig voneinander Gift in den Kaffee des O, den dieser trinkt und daraufhin verstirbt. Die Menge des von X bzw. Y verwendeten Giftes hätte jeweils für sich betrachtet bereits zum Tod des O geführt.

Abgebrochene/überholende Kausal.

Die Ersthandlung wirkt wegen einer neuen Ursachenreihe nicht bis zum Erfolgseintritt fort. Nur die Zweithandlung ist ursächlich, hinsichtlich der Ersthandlung kommt Versuchsstrafbarkeit in Betracht. **Beispiel:** X mischt dem O Gift in dessen Kaffee. Bevor das Gift im Körper des O seine Wirkung entfaltet, wird er von Y erdrosselt.

Objektive Zurechnung

Ein Erfolg ist nur dann objektiv zurechenbar, wenn das für den Erfolg ursächliche

Verhalten eine rechtlich miss-
billigte **Gefahr geschaffen**
und diese sich in dem **konkreten Erfolgseintritt** auch
tatsächlich realisiert hat

Atypischer Kausalverlauf

Die Rspr. verwendet die
Lehre von der objektiven Zurechnung im Regelfall nicht.
Sie nimmt insbes. in Fällen
eines atypischen Kausal-
verlaufes dann einen Irrtum
des Täters über den Kausalverlauf an, sofern sich die
Abweichung **außerhalb der
Grenzen des nach allgemeiner Lebenserfahrung Vor-
hersehbaren** bewegt und keine andere rechtliche Bewer-
tung der Tat erfordert. Das hat
zur Folge, dass bei erheblichen Abweichungen der Vorsatz hinsichtlich des tatsächlich verwirklichten Erfolges
entfällt.

Vorsatz

Wille zur Verwirklichung eines
Straftatbestandes in Kenntnis
aller seiner objektiven Tatumstände

**Dolus directus 1. Grades /
Absicht im technischen Sinne**

Täter hat die Tatbestands-
verwirklichung als **Ziel** seines
Verhaltens in seine Vorstellung aufgenommen

**Dolus directus 2. Grades /
Direkter Vorsatz**

Täter **sieht** den Erfolg als
sichere Folge seines Verhaltens voraus

Dolus eventualis / Bedingter Vorsatz

Täter hält den Erfolgseintritt
für möglich und nimmt ihn
billigend in Kauf bzw. findet
sich damit ab (h. M.)

14

Alternativvorsatz	Täter weiß nicht sicher, welchen von **zwei** sich gegenseitig ausschließenden Tatbeständen er verwirklicht, nimmt jedoch beide Möglichkeiten in Kauf
Überschießende Innentendenz	Im subjektiven Bereich eines Tatbestandes tritt ein zusätzliches Merkmal in Form einer „**Absicht**" hinzu, die keine Entsprechung im objektiven Tatbestand findet
Alleintäterschaft	**§ 25 I Fall 1.** Unmittelbare Täterschaft: Täter ist, wer die Tat **selbst** begeht
Mittelbare Täterschaft	**§ 25 I Fall 2.** Mittelbarer Täter ist, wer eine Straftat durch einen **anderen** begeht (den sog. **Tatmittler**)
Tatmittler	Mittelbarer Täter setzt einen anderen Menschen als eine Art „**Werkzeug**" ein, um durch diesen eine Straftat zu verwirklichen
Mittäterschaft	**§ 25 II:** Mehrere begehen eine Straftat durch **bewusstes und gewolltes Zusammenwirken**
Gemeinsamer Tatentschluss	Gegenseitiges Einverständnis, eine bestimmte Tat **arbeitsteilig** als **gleichberechtigte Partner** durchzuführen
Nebentäterschaft	Gesetzlich nicht geregelt! Mehrere Täter wirken zwar gleichzeitig, aber **unabhängig** voneinander und damit nicht gemeinschaftlich i. S. d. § 25 II zusammen => Behandlung wie Einzeltäter

Sukzessive Mittäterschaft	Das bewusste und gewollte Zusammenwirken zwischen Tätern kann auch noch **während der Tatausführung** zustande kommen
Mittäterexzess	Einer der Mittäter **überschreitet** den im gemeinsamen Tatentschluss gesetzten Rahmen
Teilnahme	Teilnahme ist die Mitwirkung an **fremder** Tatbestandsverwirklichung
Akzessorietät der Teilnahme	Die Beteiligung (§§ 26, 27) ist von einer „**vorsätzlich begangenen, rechtswidrigen Tat**" abhängig
Limitierte Akzessorletät	Die **rechtswidrige** Verwirklichung eines Straftatbestandes genügt, ein **schuldhaftes** Handeln des Haupttäters ist nicht erforderlich. Diese nur beschränkte Abhängigkeit heißt limitierte Akzessorietät der Teilnahme (§ 29)
Anstiftung	§ 26: Vorsätzliche **Bestimmung** eines **anderen** zu einer konkreten rechtswidrigen Tat
Bestimmen	**Hervorrufen** des **Tatentschlusses** bezüglich Ausführung und Vollendung einer **konkreten** Tat durch einen bestimmten Täter oder bestimmbaren Personenkreis
Omnimodo facturus	Wer bereits selbst **fest** zur Tat **entschlossen** ist, kann nicht mehr angestiftet werden

Kettenanstiftung	Wer einen anderen dazu bestimmt, den Täter anzustiften, begeht **mittelbare Anstiftung** zur Haupttat und ist damit Anstifter zur Haupttat
Abstiftung	Wer einen zur Verwirklichung einer Qualifikation Entschlossenen dazu **überredet**, „nur" den Grundtatbestand zu begehen, leistet **psychische Beihilfe** zum Grundtatbestand
Aufstiftung	Der zur Begehung des Grunddelikts Entschlossene wird zur Begehung des **qualifizierten** Tatbestands veranlasst
Umstiftung	Wer einen Tatentschlossenen zu einer **völlig anderen** Tat bestimmt, ist Anstifter hierzu
Mitanstiftung	Wenn **mehrere** Personen einen anderen zur Tat bestimmen
Agent provocateur	**Lockspitzel**. Person, die die Haupttat eines anderen veranlasst bzw. fördert, um diesen bei der Begehung überführen zu können. Er will es aber nur zum Versuch der Haupttat kommen lassen und nicht zu deren Vollendung bzw. Beendigung
Beihilfe	**§ 27. Fördern** einer fremden **Haupttat** durch **physische** oder **psychische Unterstützung** des Täters durch den Gehilfen

Hilfeleisten	Jeder Tatbeitrag, der die Haupttat **ermöglicht** oder **erleichtert** oder die vom Haupttäter begangene Rechtsgutverletzung **verstärkt**
Sukzessive Beihilfe	Beihilfe kann auch noch **zwischen** der **Vollendung** (=Erfüllung aller Tatbestandsmerkmale) und **Beendigung** (=Abschluss des Delikts in tatsächlicher Form) der Tat geleistet werden (str.)
„Persönliche Merkmale"	**Legaldefinition § 14 I**: „Besondere persönliche Eigenschaften, Verhältnisse oder Umstände" (**täterbezogene** Merkmale)
Täterbezogene Merkmale	Charakterisieren den Täter oder seine Beziehung zu seiner Tat
Tatbezogene Merkmale	Charakterisieren die Tat als solche
Deskriptive Merkmale	Sie umfassen Begriffe aus der **täglichen Umgangssprache** und bedürfen keiner weiteren rechtlichen Bewertung, z. B. Mengenangaben
Normative Merkmale	Sie sind der Rechtssprache entliehen und beinhalten **rechtliche Wertungen**
Parallelwertung in der Laiensphäre	Täter muss den rechtlich-sozialen Bedeutungsgehalt des Tatumstandes **laienhaft** erfasst haben

Schutzwehr	**passive** Abwehr (Festhalten)
Trutzwehr	**aktive** Abwehr
Strafaufhebungsgründe	Umstände, die erst **nach Begehung** einer Straftat eingetreten sind und die Strafbarkeit **rückwirkend** wieder **beseitigen** (z. B. Rücktritt, § 24)
Strafausschließungsgründe	Schließen die Strafbarkeit des Täters **von vornherein** aus (etwa § 258 VI)
Handlungseinheit (§ 52)	Dieselbe Handlung verletzt **mehrere** Strafgesetze oder dasselbe Strafgesetz **mehrmals**
Idealkonkurrenz	Bei Vorliegen von Handlungseinheit tritt keine der Vorschriften im Wege der Gesetzeskonkurrenz zurück, sondern sie konkurrieren („ideal") miteinander
Absorptionsprinzip	**Einschlußprinzip.** Sind mehrere Strafgesetze verletzt, so wird die Strafe nach dem Gesetz bestimmt, das die **schwerste** Strafe androht (§ 52 II)
Handlungsmehrheit (§ 53)	Der Täter verletzt durch mehrere Handlungen mehrere Gesetze und es liegt auch kein Fall der natürlichen bzw. tatbestandlichen Handlungseinheit oder der sog. Verklammerung vor

Klammerwirkung	Zwei voneinander unabhängige Delikte stehen mit einer **dritten Handlung** in Idealkonkurrenz und werden so miteinander zu einer rechtlichen Handlungseinheit verbunden
Asperationsprinzip	**Verschärfungsprinzip.** Die Gesamtstrafe wird durch Erhöhung der verwirkten **höchsten** Einzelstrafe gebildet (§ 54 I S. 2)
Gesetzeskonkurrenz bei Handlungseinheit	Von mehreren dem Gesetzeswortlaut nach verwirklichten Straftatbeständen ist/sind **nur einer** (**oder einige**) anwendbar und die übrigen treten zurück => nicht von den §§ 52 ff. erfasst = „**unechte Konkurrenz**": 3 mögliche Formen: Spezialität; Subsidiarität; Konsumtion
Unechte Konkurrenz	Siehe bei „Gesetzeskonkurrenz bei Handlungseinheit"
Spezialität	Straftatbestand enthält alle Merkmale eines anderen, zusätzlich aber noch **mindestens ein** weiteres Merkmal
Subsidiarität	Aus einer Strafvorschrift ist nur zu verurteilen, wenn (z. T. aufgrund ausdrücklicher Regelung) erkennbar ist, dass kein anderes Gesetz anwendbar sein soll.

Konsumtion

Eine Tat trifft regelmäßig und typischerweise mit der Begehung einer anderen zusammen. Der Unrechts- und Schuldgehalt wird durch die schwerere Deliktsform mit **aufgezehrt** => betrifft vor allem die sog. Begleittaten

4. Lektion: Rechtfertigungsgründe

Notwehr, § 32

Angriff

Unmittelbare Bedrohung rechtlich geschützter Güter durch menschliches Verhalten

Gegenwärtigkeit

Angriff, der aus objektiver Sicht **unmittelbar bevorsteht**, bereits **begonnen** hat oder noch **fortdauert**

Rechtswidrigkeit

Rechtswidrig ist der Angriff, wenn er objektiv im Widerspruch zur Rechtsordnung steht. A.A.: Rechtswidrig ist der Angriff, wenn der Angegriffene ihn nicht zu dulden braucht => Wenn dem Angreifer ein Rechtfertigungsgrund zur Seite steht, handelt er nach beiden Ansichten nicht rechtswidrig!

Erforderlichkeit

Erforderlich ist diejenige Verteidigungshandlung, die einerseits die sofortige, endgültige **Abwendung** des Angriffs gewährleistet, andererseits das relativ **mildeste** Verteidigungs**mittel** darstellt

Gebotenheit	Notwehr darf nicht rechtsmissbräuchlich sein (entspricht der Angemessenheit i.S.d. § 34 S. 2)
Nothilfe	Abwendung eines Angriffes **von einem anderen**

Rechtfertigender Notstand, § 34

Gefahr	Zustand, bei dem nach den konkreten Umständen der **Eintritt eines Schadens** naheliegt
Gegenwärtigkeit	Die Gefahr ist gegenwärtig, wenn der Zustand bei natürlicher Weiterentwicklung **jederzeit** in einen Schaden umschlagen kann
Erforderlichkeit	Wie bei § 32: Rettungshandlung muss **geeignet** und das relativ **mildeste Mittel** sein. Unterschied zu § 32: strengere Anforderungen: von einer bestehenden **Ausweichmöglichkeit** ist Gebrauch zu machen / Inanspruchnahme polizeilicher Hilfe
Interessenabwägung	Das vom Täter **geschützte Interesse** muss das beeinträchtigte Interesse **wesentlich** überwiegen (§ 34 S. 1 am Ende)
Angemessenheit	**§ 34 S. 2:** Die Tat nicht angemessen bei Verstößen gegen überwiegende Interessen des Staates sowie bei besonderen Duldungspflichten des Täters (z.B. weil er die Notstandslage vorwerfbar verursacht hat oder z.B. als Soldat oder Feuerwehrmann aus Berufsgründen ver-

pflichtet ist, bestimmte Gefahren zu meisten); auch bei Eingriffen in unantastbare Freiheitsrechte des Betroffenen ist die Angemessenheit zu verneinen.

Putativnotstand	Täter nimmt irrtümlich die Voraussetzungen einer objektiv nicht vorliegenden Notstandssituation an

Defensivnotstand, § 228 BGB

Defensivnotstand	**Verteidigungsnotstand.** Täter verteidigt sich durch die Einwirkung auf eine Sache, von der eine Gefahr ausgeht
Gefahr	Siehe bei § 34
Drohende Gefahr	Wenn ein **sofortiger** Handlungsbedarf besteht
Fremd	Fremd ist die Sache, wenn sie im (Mit-)Eigentum **eines anderen** steht
Erforderlichkeit	Siehe bei § 34
Güter-/Interessenabwägung	Der angerichtete Schaden darf nicht außer Verhältnis zur abgewendeten Gefahr stehen

Aggressivnotstand, § 904 BGB

Aggressivnotstand	**Angriffsnotstand.** Einwirkung auf solche Sachen, die zu der Gefahrenquelle in **keinerlei** Beziehung stehen => Normiert die Pflicht des Eigentümers einer Sache, **Eingriffe** in sein Eigentum zu **dulden**

Gefahr	Siehe bei § 34
Gegenwärtigkeit	Siehe bei § 34
Erforderlichkeit	Siehe bei § 34
Güter-/Interessenabwägung	Drohender Schaden **muss** unverhältnismäßig **groß** sein gegenüber dem durch die Einwirkung entstehenden Sachschaden

Festnahmerecht, § 127 I S. 1 StPO

„auf frischer Tat"	Strittig: 1. Meinung: Dringender Tatverdacht genügt; 2. Meinung: Verdacht genügt nicht, Straftat muss zumindest tatbestandsmäßig und rechtswidrig vorliegen
auf frischer Tat betroffen	Wer bei Begehung der Tat oder unmittelbar danach am Tatort oder in dessen unmittelbaren Nähe gestellt wird
auf frischer Tat verfolgt	Wer entweder nach Betreffen am Tatort geflohen ist und sofort verfolgt wird oder wer bei einer der Tat unmittelbar nachfolgenden Tatentdeckung aufgrund vorhandener Spuren sofort verfolgt wird
der Flucht verdächtig	Der Täter ist der Flucht verdächtig, wenn er den Tatort verlassen will bzw. verlässt, um sich der **Strafverfolgung** zu **entziehen**
Verhältnismäßigkeit	Dieses ungeschriebene Tatbestandsmerkmal legt fest,

dass nur Eingriffe in die Freiheit und die unmittelbar dazu notwendige Gewalt zulässig sind. Ohrfeigen, Schläge, Tritte etc. sind nicht von § 127 StPO gedeckt
=> wohl aber durch § 32, wenn der Täter sich wehrt!

Rechtfertigende Einwilligung

Einverständnis

Darunter versteht man eine **Zustimmung des Verletzten** zur Rechtsgutbeeinträchtigung, die schon den Tatbestand ausschließt (**tatbestandsausschließendes E.**). Dies kommt in den Fällen in Betracht, in denen der Tatbestand selbst bereits ein Handeln gegen oder ohne den Willen des Rechtsgutinhabers voraussetzt, z.b. bei § 123 und § 239.

Rechtfertigende Einwilligung

Bei den Tatbeständen, die keine Willensbeeinträchtigung voraussetzen, schließt die Preisgabe des Interesses erst die Rechtswidrigkeit aus

Mutmaßliche Einwilligung

Erfasst zwei Fälle:
1) **Handeln im Interesse des Betroffenen** => Zustimmung kann nicht eingeholt werden, aber Sachlage lässt Schluss zu, dass Betroffener sie bei deren Kenntnis erteilt hätte.
2) **Prinzip des mangelnden Interesses** => Einholen der Einwilligung zwar möglich, aber es kann davon ausge-

gangen werden, dass Betroffener an der Wahrung seines
Rechtsgutes kein Interesse
hat

5. Lektion: Die Schuld

Koinzidenzprinzip

Täter muss **zur Zeit der Tathandlung** schuldfähig sein
(§ 20)

Actio libera in causa (a.l.i.c.)

Eine sich berauschende Person setzt noch schuldfähig
eine Ursache für eine Straftat,
die sie im von § 20 beschrie-
benen Zustand begeht und
damit schuldunfähig ist.
=> Lösung der h. M.: **Vorver-
legte Verantwortlichkeit**.
Maßgeblich ist der Zeitpunkt,
in dem der Täter in schuld-
fähigem Zustand sein spä-
teres Handeln im Zustand der
Schuldunfähigkeit „**program-
miert**"

Aktuelles Unrechtsbewusstsein

Einsicht des Täters, dass sein
Verhalten rechtlich verboten
ist (Kenntnis der Strafvor-
schrift nicht nötig)

Potentielles Unrechtsbewusstsein

Täter konnte bei dem ihm zumutbaren Einsatz seiner Er-
kenntniskräfte die Einsicht in
das Unrecht der Tat gewinnen

Notwehrexzess, § 33

Intensiver Notwehrexzess

Täter überschreitet das Maß
der erforderlichen Verteidigung bei **vorliegender** Not-
wehrsituation (=> § 33)

Extensiver Notwehrexzess	Täter verteidigt sich, obwohl der Angriff **noch nicht vorliegt** oder **bereits abgeschlossen** ist => nach h. M. **kein Fall** von § 33
Asthenische Affekte	Affekte der **Schwäche**: Verwirrung, Furcht, Schrecken
Sthenische Affekte	Affekte der **Stärke**: Wut, Zorn, Kampfeseifer
Putativnotwehrexzess	Täter **glaubt**, der Angriff sei schon oder noch gegenwärtig und **überschreitet** die Grenzen der vermeintlichen Notwehr aus einem **asthenischen Affekt** heraus (=> nach h. M. kein Fall von § 33, auch nicht analog, vielmehr gelte nach allg. Regeln § 17)

Entschuldigender Notstand, § 35

Gefahr	Siehe bei § 34
Gegenwärtigkeit	Siehe bei § 34
Erforderlichkeit	Siehe bei § 34
Leib	Körperliche Unversehrtheit
Freiheit	Hier ist nur die Fortbewegungsfreiheit i. S. d. § 239 gemeint, nicht die allg. Handlungsfreiheit des Art. 2 I GG
Angehöriger	Siehe § 11 I Nr. 1
Nahestehende Person	Voraussetzung ist eine auf Dauer angelegte persönliche Beziehung, die über den üb-

lichen Sozialkontakt des All-
tagslebens hinausgeht

Nötigungsnotstand

Täter wird durch Gewalt oder
Drohung mit einer gegenwär-
tigen, nicht anders abwend-
baren Gefahr für Leben, Leib
oder Freiheit zu einer rechts-
widrigen Tat genötigt

6. Lektion: Der Versuch

Tatgeneigtheit

Täter ist noch nicht fest zur
Tat entschlossen und die Entscheidung über das „**Ob**" ist
noch nicht gefallen

Tatentschluss (§ 22)

Subjektiver Tatbestand des
versuchten Delikts; entspricht
grundsätzlich dem des voll-
endeten Delikts

Unmittelbares Ansetzen (§ 22)

Zur Tat setzt an, wer (subjek-
tiv) die Schwelle zum „**Jetzt
geht`s los**" überschreitet und
(objektiv) das geschützte
Rechtsgut aus seiner Sicht in
eine nahe, **konkrete Gefahr**
bringt, so dass sein Tun nach
seiner Vorstellung **ohne wesentliche Zwischenschritte**
in die Erfüllung des Tatbe-
standes übergehen wird

Grober Unverstand (§ 23 III)

„**Trottelprivileg**": Völlig ab-
wegige Vorstellung von nor-
malerweise bekannten Ur-
sachenzusammenhängen

Irrealer Versuch	Abergläubischer Versuch. Täter versucht mit **abergläubischen** Mitteln, den Erfolg herbeizuführen
Fehlgeschlagener Versuch	Der tatbestandliche Erfolg kann **aus der Sicht des Täters** nicht mehr oder zumindest nicht ohne zeitlich relevante Zäsur eintreten
Erfolgsqualifizierter Versuch	Grunddelikt nur versucht, die schwere Folge aber (mindestens) fahrlässig herbeigeführt

§ 24 I S. 1 Fall 1

Unbeendeter Versuch	Täter glaubt nach Abschluss der letzten Ausführungshandlung noch **nicht alles** zur Tatvollendung Erforderliche getan zu haben
Aufgeben der Tat	Täter nimmt von der weiteren Realisierung des gesetzlichen Tatbestandes aufgrund eines **Gegenentschlusses** Abstand
Freiwilligkeit	Wer durch **autonome** (selbstgesetzte) Motive zum Rücktritt bewegt wird, handelt freiwillig. Wer durch **heteronome** (fremdgesetzte) Motive zur Aufgabe weiterer Ausführungshandlungen veranlasst wird, handelt unfreiwillig => siehe Frank`sche Formel
Frank`sche Formel	**Freiwillig**: „Ich will nicht mehr, selbst wenn ich noch könnte"; **Unfreiwillig**: „Ich kann nicht mehr, selbst wenn ich noch wollte"

§ 24 I S. 1 Fall 2

Beendeter Versuch	Täter glaubt nach Abschluss der letzten Ausführungshandlung **alles** getan zu haben, was nach seiner Vorstellung zur Tatbestandsverwirklichung erforderlich ist
Verhinderung der Vollendung	Täter muss nach h. M. eine neue Kausalkette in Gang setzen, die objektiv für das **Ausbleiben** der Vollendung **wenigstens mitursächlich** wird
Freiwilligkeit	Siehe bei § 24 I S.1 Fall 1

§ 24 I S. 2

„Versuchter" Rücktritt (§ 24 I S. 2)	Tat wird ohne Zutun des Zurücktretenden nicht vollendet, aber Täter **bemüht** sich freiwillig und ernsthaft die Vollendung zu **verhindern**
Beendeter Versuch	Siehe bei § 24 I S.1 Fall 2
Freiwilligkeit	Siehe bei § 24 I S.1 Fall 1
Ernsthaftes Bemühen	Täter muss **alle** erforderlichen Mittel ausschöpfen, die **aus seiner Sicht** zur Abwendung des Erfolges notwendig und geeignet sind

7. Lektion: Das Fahrlässigkeitsdelikt

Fahrlässigkeit	Die ungewollte Tatbestandsverwirklichung durch **Sorgfaltspflichtverletzung**
Unbewusste Fahrlässigkeit	Täter beachtet nicht die gebotene und zumutbare Sorgfalt und erkennt deswegen nicht, dass er den Tatbestand verwirklicht
Bewusste Fahrlässigkeit	Täter hält den Eintritt des tatbestandlichen **Erfolgs für möglich**, vertraut aber pflichtwidrig darauf, dass er nicht eintritt
Leichtfertigkeit	Täter lässt die gebotene Sorgfalt **in ungewöhnlich hohem** Maße außer Acht
Objektive Sorgfaltspflichtverletzung	Wer diejenige Sorgfalt außer Acht lässt, zu der er nach den Umständen und in seiner konkreten Situation verpflichtet ist
Erlaubtes Risiko	Die erkennbare Gefährlichkeit einer Handlung führt nicht automatisch zu deren Pflichtwidrigkeit. Hat ein gefährliches Verhalten einen **sozialen Nutzen**, toleriert die Rechtsordnung in gewissem Rahmen die damit einhergehenden Gefahren
Vertrauensgrundsatz	Wer selbst die gebotene Sorgfalt anwendet, darf seinerseits darauf **vertrauen**, dass seine Mitmenschen sich ebenfalls sorgfaltsgerecht

verhalten, solange keine Anzeichen bestehen, dass andere ihrer Sorgfaltspflicht nicht nachkommen oder ihr nicht gewachsen sind

Objektive Voraussehbarkeit

Wenn der wesentliche Kausalverlauf und der eingetretene Erfolg nicht so sehr außerhalb der Lebenserfahrung liegen, dass mit ihnen nicht gerechnet zu werden brauchte

Pflichtwidrigkeitszusammenhang

Täter schafft durch **pflichtwidriges** Verhalten eine **Gefahr** und genau diese Gefahr **verwirklicht** sich dann im eingetretenen Erfolg

Schutzzweckzusammenhang

Im Taterfolg muss sich gerade die Gefahr verwirklicht haben, die nach dem **Schutzzweck** der verletzten Sorgfaltsnorm verhindert werden sollte

Rechtmäßiges Alternativverhalten

Pflichtwidrigkeitszusammenhang entfällt, wenn der an sich pflichtwidrig handelnde Täter den Erfolg **mit an Sicherheit grenzender Wahrscheinlichkeit** auch bei pflichtgemäßem Handeln herbeigeführt hätte

Risikoerhöhungslehre

Ein Erfolg ist bereits dann zuzurechnen, wenn das Risiko des Erfolgseintritts durch das sorgfaltswidrige Täterverhalten **erhöht** wurde

Subjektive Sorgfaltspflicht-verletzung	Liegt vor, wenn der Täter im Hinblick auf seine individuellen Kenntnisse und Fähigkeiten in der Lage gewesen wäre, die objektive Sorgfaltspflicht **einzuhalten**
Subjektive Voraussehbarkeit	Täter muss individuell in der Lage gewesen sein, den drohenden Schaden zu **erkennen**
Übernahmeschuld	Vorwerfbar kann die Übernahme einer Tätigkeit sein, wenn der Täter zuvor bei einer erforderlichen selbstkritischen Prüfung den Tatverlauf hätte **voraussehen** können („Anforderungen nicht gewachsen")
Unzumutbarkeit normgemäßen Verhaltens	Entschuldigungsgrund: Dem Täter kann nur dann ein Verhalten vorgeworfen werden, wenn es ihm zumutbar gewesen ist, anders zu handeln
Vorsatz-Fahrlässigkeits-Kombination	Die Verbindung aus der vorsätzlich begangenen, aber straflosen Handlung ist mit der fahrlässig herbeigeführten Tatfolge strafbar (z. B. § 315c III Nr. 1)

8. Lektion: Das Unterlassungsdelikt

Aktives Tun	Wer ein Kausalgeschehen durch **Einsatz von Energie** in Gang setzt oder in eine bestimmte Richtung lenkt, der „*tut*" etwas

Unterlassen	Wer den **Dingen ihren Lauf lässt** und von der Möglichkeit des Eingreifens keinen Gebrauch macht, der *„lässt"* etwas => **Nichtvornahme** der zur Erfolgsabwendung objektiv gebotenen Handlung **trotz physisch-realer Handlungsmöglichkeit**
Echte Unterlassungsdelikte	Straftaten, die nur das schlichte Unterlassen bestimmter rechtlich gebotener Handlungen beinhalten (Regelung in **eigenständigen** Straftatbeständen)
Unechte Unterlassungsdelikte	Straftaten, in denen die Strafbarkeit durch Unterlassen nicht besonders geregelt ist, sondern es für besonders Verpflichtete dem Begehen gleich gestellt wird (§ 13)
Omissio libera in causa	Täter setzt sich durch aktives Tun vorsätzlich oder fahrlässig außerstande, eine für ihn später aktuell werdende Handlungspflicht zu erfüllen
Quasi-Kausalität	Liegt vor, wenn die rechtlich gebotene Handlung nicht **hinzugedacht** werden kann, ohne dass der **konkrete** Erfolg **mit an Sicherheit grenzender Wahrscheinlichkeit** entfiele
Garantenstellung (§ 13)	Nach § **13 I** ist ein Täter wegen eines Unterlassens **nur dann strafbar**, „wenn er rechtlich dafür einzustehen hat, dass der Erfolg nicht eintritt"

Beschützergaranten	Sie haben **Obhutspflichten** gegenüber einem bestimmten Rechtsgut (**Bewachung des „Opfers"**). Entstehungsgründe: Rechtssätze/enge natürliche Verbundenheit/Lebens- und Gefahrengemeinschaften/freiwillige Übernahme/Amtsträgerstellung
Überwachungsgaranten	Sie haben **Sicherungspflichten** gegenüber jedermann aufgrund der Verantwortlichkeit für eine bestimmte Gefahrenquelle (**Überwachung des „Täters"**). Entstehungsgründe: Verkehrssicherungspflichten/Beaufsichtigungspflicht/Ingerenz
Verkehrssicherungspflicht	Pflicht zur Abwehr von Gefahren, die sich aus dem Zustand von Sachen ergeben
Ingerenz	Vorangegangenes **pflichtwidriges** gefährdendes **Vorverhalten**
Entsprechungsklausel (§ 13 I)	Täter ist nur dann strafbar, „wenn das Unterlassen der Verwirklichung des gesetzlichen Tatbestandes durch ein Tun **entspricht**"
Rechtfertigende Pflichtenkollision	Von **mehreren** rechtlich begründeten (Handlungs-)pflichten kann **nur eine** auf Kosten der anderen erfüllt werden. Bei **gleichwertigen Pflichten**: Erfüllung **einer von beiden**; bei **ungleichwertigen**

Pflichten: Erfüllung der **höherwertigen Pflicht**

Unzumutbarkeit normgemäßen Verhaltens

Entschuldigungsgrund: Siehe bei „Fahrlässigkeit"

9. Lektion: Irrtümer

Tatbestandsirrtum

§ 16 I S. 1. Irrtum über Tatumstände

Error in persona vel objecto

Irrtum über das **Tatobjekt/-opfer** (Vorliegen einer **Verwechslung** nach Vornahme der Visualisierung bzw. Individualisierung). Bei **Gleichwertigkeit** der Objekte => **unbeachtlicher Motivirrtum**. Bei rechtlich **nicht gleichwertigen** Angriffsobjekten => **Versuch** bezüglich des verfehlten u. ggf. **Fahrlässigkeit** bezüglich des getroffenen Objekts

Aberratio ictus

Fehlgehen der Tat. Angriffs- und Verletzungsobjekt sind **nicht** identisch. Täter verfehlt anvisiertes Ziel und trifft ein anderes Tatobjekt, das er gar nicht anvisiert hatte und auch nicht verletzen wollte. =>**Vorsatzausschluss** bzgl. des getroffenen Objekts, jedoch **Versuch** bezüglich des Angriffsobjekts + ggf. Fahrlässigkeit bezüglich des Verletzungsobjekts

Verbotsirrtum	**§ 17: Mangelndes Unrechts-bewußtsein** bei der Begehung der Tat. Rechtsfolge: Die Schuld des Täters entfällt nur, wenn Irrtum **unvermeidbar** war (**§ 17 S. 1**)
Vermeidbarkeit des Verbotsirrtums	Wenn Täter nach seiner sozialen Stellung und seinen individuellen Fähigkeiten bei Einsatz aller seiner Erkenntniskräfte das Unrecht **hätte einsehen können.** Bei Bedenken => Einholen einer **Rechtsauskunft**
Direkter Verbotsirrtum	Täter irrt sich über das **grundsätzliche Verbotensein** seines Tuns und zwar über die Existenz der Verbotsnorm => Behandlung nach **§ 17**
Indirekter Verbotsirrtum	**Erlaubnisirrtum.** Täter weiß, dass er den Tatbestand einer Verbotsnorm erfüllt, glaubt aber irrig, dass sein Verhalten gerechtfertigt sei, weil er **1)** an das **Bestehen** eines nicht anerkannten Rechtfertigungsgrundes glaubt oder **2)** er den Umfang eines anerkannten Rechtfertigungsgrundes **verkennt** (beide Formen: Behandlung nach **§ 17**)
Umgekehrter Verbotsirrtum	(strafloses) **Wahndelikt.** Täter stellt sich irrig die Verbotenheit seiner Handlung vor, tatsächlich ist **aber kein Straftatbestand** verwirklicht

Wahndelikt	Siehe umgekehrter Verbots-irrtum
Umgekehrter Tatbestandsirrtum	**Untauglicher Versuch.** Täter stellt sich irrig eine Sachlage vor, bei deren wirklichem Vorliegen sein Handeln den gesetzlichen Straftatbestand erfüllen würde (Irrtum über die Tauglichkeit von Tatsubjekt, -objekt oder -mittel => **unbeachtliche Tatbestandsirrtümer**, aber § 23 III beachten: „grobem Unverstand"
Grober Unverstand (§ 23 III)	**Deutliche** und **offenkundige Abweichung** vom Durchschnittswissen eines Normalbürgers über naturgesetzliche Zusammenhänge
Untauglicher Versuch	Siehe umgekehrter Tatbestandsirrtum
Erlaubnistatbestandsirrtum	Täter nimmt irrig Umstände an, bei deren tatsächlichem Vorliegen ein anerkannter Rechtfertigungsgrund erfüllt wäre => h. M.: Behandlung entsprechend dem Irrtum über Tatumstände **analog § 16**, so dass der Vorsatz bzw. die Vorsatzschuld entfällt!

10. Lektion: Besonderer Teil des StGB

§ 113

Amtsträger	Legaldefinition in § 11 I Nr. 2
Vollstreckungshandlung	Handlung, durch die in einem konkreten Einzelfall der bereits konkretisierte Staatswillen gegenüber bestimmten Personen oder in Bezug auf Sachen verwirklicht werden soll, notfalls auch mit Zwang
Widerstand leisten	Jede **aktive Tätigkeit**, die die Durchführung der Vollstreckungsmaßnahme verhindern oder erschweren soll (auch Drohverhalten)
Mit Gewalt	**Kraftäußerung** (erhebliche Körperkraft), die eine Verhinderung oder Erschwerung der Diensthandlung bezweckt
Drohung mit Gewalt	**Ankündigung** von Gewaltmaßnahmen
Tätlicher Angriff	Jede **feindselige, unmittelbar** auf den Körper des Vollstreckungsbeamten **abzielende** Einwirkung, **unabhängig** davon, ob ein Körperverletzungs**erfolg eintritt** oder die Vollstreckung dadurch verhindert werden soll

§ 123

Hausrecht	Freiheit der Entscheidung, **wer sich** innerhalb der Räume **aufhalten darf** („freies

Schalten und Walten in Haus und Hof")

Wohnung	Räumlichkeit, die ihrer Bestimmung nach zur **Unterkunft** von einzelnen oder mehreren Menschen dient, inklusive Nebenräume
Geschäftsraum	**Abgeschlossener Raum**, der seiner Bestimmung nach dem Betreiben gewerblicher, wissenschaftlicher, künstlerischer oder ähnlicher Tätigkeiten dient, einschließlich Nebenräumen
Befriedetes Besitztum	**Gegen Betreten** gesichertes Grundstück (Grundstück mit z. B. Mauer, Zaun, Hecke, die jedoch **nicht lückenlos** sein muss)
Abgeschlossene Räume zum öffentlichen Dienst	Räume,in welchen Tätigkeiten aufgrund öffentlich-rechtlicher Vorschriften ausgeübt werden (Behörden, Schulen, Universitäten usw.)
Abgeschlossene Räume zum öffentlichen Verkehr	Räume, die dem allgemein zugänglichen Personen- und Gütertransportverkehr dienen (Strassenbahn, Bus, Wartesäle usw.)
Eindringen (§ 123 I 1. Fall)	Körperliches Betreten **gegen (oder ohne) den Willen** des Berechtigten. Der Täter muss **zumindest mit einem Teil seines Körpers** in die jeweilige Räumlichkeit gelangt sein

40

Sich nicht entfernen (§ 123 I 2. Fall)	Aufforderung zum Verlassen muss erfolgt sein (auch konkludent möglich)
Berechtigter des Hausrechts	Derjenige, der über Zugang und Aufenthalt in dem Raum **rechtmäßig** zu bestimmen hat

§ 138

Vorhaben	Jeder **ernsthafte Plan**, der soweit **konkretisiert** ist, dass der Betroffene oder die Behörden gegen seine Verwirklichung Vorkehrungen treffen könnten
Glaubhaft erfährt	Tat muss **tatsächlich** geplant sein oder **ausgeführt** werden, allein Gerüchte reichen nicht aus
Rechtzeitige Anzeige	Solange die Ausführung **noch verhinderbar** ist. Mitteilung muss dazu geeignet sein, die Ausführung noch **abzuwenden**

§ 142

Unfall	**Plötzliches** Ereignis, das eintritt **aufgrund** der Gefahren des Straßenverkehrs und zur Tötung oder Verletzung eines Menschen oder zu einer Sachbeschädigung führt, die nicht völlig belanglos ist (ab ca. 30 Euro)

Im Strassenverkehr	Wege, Strassen und Plätze, die von einer unbestimmten Anzahl von Personen (wenigstens vorübergehend) tatsächlich benutzt werden können
Unfallbeteiligter	**Legaldefinition** in § 142 V
Sich-Entfernen vom Unfallort	**Willentliches** Verlassen des Unfallortes
Feststellungsduldungspflicht (§ 142 I Nr. 1)	**Anwesenheits-** und **Vorstellungspflicht**, was meint, sich als Unfallbeteiligter erkennen zu geben
Wartepflicht (§ 142 I Nr. 2)	Hängt von **Art** und **Schwere** des Unfalls und den sonstigen Umständen ab (Tageszeit, Witterung, Verkehrsfrequenz). Bei schweren Schäden umfasst sie eine Dauer von bis zu 2 Stunden
Feststellungsbereite Personen	Diejenige Person, die bereit ist, die Beteiligung des Täters, das Kfz und die Art der Unfallbeteiligung für den Geschädigten **aufzunehmen**, sofern dieser es nicht selbst machen kann oder will

§ 145d

Vortäuschen	Sachverhaltsmitteilung, die unrichtig und geeignet ist, den **Verdacht** einer rechtswidrigen Tat **hervorzurufen** oder zu **verstärken**. Nicht erforderlich ist, dass es auch tatsächlich zu Ermittlungen kommt

Rechtswidrige Tat

Siehe § 11 I Nr. 5. Ordnungswidrigkeiten reichen also nicht aus

§ 153

Falschheit der Aussage

Eine Aussage ist falsch, wenn sie mit der **Wirklichkeit nicht übereinstimmt** (*objektive Theorie*, h.M.; A.A.: wenn sie nicht dem Vorstellungsbild des Aussagenden entspricht, sog. *subjektive Theorie*). Eine dritte Ansicht, die *Pflichttheorie,* verlangt, dass der Aussagende sich pflichtgemäß erinnert.

§ 158

Rechtzeitig

Berichtigung darf objektiv nicht **verspätet** sein, **§ 158 II**

§ 160

Verleiten

Einwirkung auf den Willen eines anderen (durch Täuschung, Ausnutzen eines Irrtums), eine bestimmte Aussage zu machen, die dieser für **richtig** hält => d.h. **Gutgläubigkeit** des Aussagenden (str.)

§ 164

Ein anderer

Eine **bestimmte**, noch **lebende Person**, die infolge der genannten Umstände identifizierbar sein muss => Selbstanzeige, Anzeige gegen Unbekannt/Verstorbene scheiden aus

Verdächtigen	Sachverhaltsmitteilung, die **unrichtig** und geeignet ist, gegenüber **bestimmten** Personen Verdacht hervorzurufen oder zu verstärken durch: 1) Tatsachenbehauptung; 2) Schaffung einer verdächtigen Beweislage; 3) Verfälschen einer Beweislage zum Nachteil eines anderen
Wider besseres Wissen	Täter muss mit **direktem Vorsatz** (dolus directus 2. Grades) bezüglich der Unrichtigkeit seiner Behauptung handeln

§ 185

Ehre	Achtungsanspruch, der einem Menschen kraft seiner Persönlichkeit und zugleich seines sittlich-sozialen Verhaltens in der Gesellschaft zukommt
Beleidigung	Kundgabe der **Nichtachtung, Missachtung** oder **Geringschätzung** einer Person, die geeignet ist, den Betroffenen **verächtlich** zu machen oder in der öffentlichen Meinung **herabzuwürdigen** => durch Tatsachenbehauptungen, Werturteile, symbolische Gesten, ehrverletzende Behandlung (Anspucken)
Tatsachenbehauptung	Äußerung über **konkrete** Vorgänge oder Zustände der Vergangenheit oder Gegenwart, die **dem Beweis zugänglich** sind

44

Werturteil	Ist eine **subjektive** Einschätzung, deren Richtigkeit oder Unrichtigkeit als Sache persönlicher Überzeugung dargestellt wird
Mittelbare Beleidigung	Wenn außer dem unmittelbar Betroffenen auch **Dritte** in ihrem Achtungsanspruch verletzt sind

§§ 186, 187

Tatsachen	Siehe Tatsachenbehauptung bei § 185
Behaupten	Etwas nach **eigener** Überzeugung gegenüber einem Dritten als richtig hinstellen, auch wenn man es von Dritten erfahren und nicht selbst gesehen hat
Verbreiten	Eine Tatsache als Gegenstand **fremden** Wissens weitergeben, ohne sich diese Tatsache zu eigen zu machen

§ 189

Verunglimpfen	Besonders **schwere** Ehrenkränkung. Es muss **schwere** Beleidigung, üble Nachrede **von Gewicht** oder Verleumdung vorliegen

§ 203

Fremdes Geheimnis	Tatsache, die nur einem **begrenzten** Personenkreis bekannt ist und an deren Geheimhaltung derjenige, den sie betrifft, ein **schutzwürdiges Interesse** hat

§ 211

Tod

Das endgültige (irreversible) Erlöschen **aller Gehirnfunktionen** (Hirntod)

§ 211 II 1. Gruppe
Mordlust

Tötung, die ausschließlich dadurch motiviert ist, dass der Täter **Freude am Töten** empfindet, sei es aus Mutwillen, aus Angeberei, zum Zeitvertreib oder aus sportlichem Ehrgeiz => Dem Täter kommt es einzig darauf an, einen Menschen sterben zu sehen

Zur Befriedigung des Geschlechtstriebes

Tötung zur **geschlechtlichen Befriedigung in, durch** oder **nach** der Tötung => Objekt des sexuellen Begehrens muss auch Opfer der Tötungshandlung sein

Habgier

Tötung aus rücksichtslosem und sittlich anstößigem **Gewinnstreben um jeden Preis** => Sowohl die Mehrung als auch die Erhaltung eigenen Vermögens bzw. die Vermeidung von Aufwendungen kann ein Motiv bilden

Sonstige niedrige Beweggründe

Alle Tatantriebe, die nach allgemeiner sittlicher Anschauung **verachtenswert sind, auf tiefster Stufe** stehen und daher **besonders verwerflich** sind => Tötung z. B. aus Rachsucht, Hass, Wut, Rassenhass, Neid. Bei Handeln aus mehreren Motiven muss der niedrige Beweggrund überwiegen

§ 211 II 2. Gruppe
Heimtücke

Heimtückisch handelt, wer in feindseliger Willensrichtung die **Arg- und Wehrlosigkeit** des Opfers bewusst zur Tötung ausnutzt

Arglosigkeit

Arglos ist, wer im Zeitpunkt der Tat keinen tätlichen Angriff auf seine körperliche Unversehrtheit oder sein Leben erwartet => Bei Kleinkindern und Besinnungslosen fehlt die Fähigkeit zum Argwohn. Hier ist jedoch gegebenenfalls auf die Arglosigkeit schutzbereiter Dritter abzustellen

Wehrlosigkeit

Wehrlos ist, wer **infolge** seiner Arglosigkeit zur Verteidigung **außerstande** oder in seiner Verteidigung **stark eingeschränkt** ist => Ein Täter nutzt die Arg- und Wehrlosigkeit aus, wenn ihm bewusst ist, dass er es mit einem ahnungslosen und schutzlosen Menschen zu tun hat und dies für ihn eine Rolle spielt

Grausam	Wer dem Opfer im Rahmen der Tötungshandlung aus gefühlloser, unbarmherziger Gesinnung durch Dauer, Stärke oder Wiederholung der Schmerzverursachung **besonders schwere Qualen** körperlicher oder seelischer Art zufügt, die über das zur Tötung erforderliche Maß hinausgehen => Folter
Gemeingefährliche Mittel	Sind solche Tatmittel, deren Wirkungsweise der Täter im Einzelfall **nicht sicher zu beherrschen** vermag und deren Einsatz geeignet ist, eine **größere Zahl** von Menschen an Leib oder Leben zu **gefährden**
§ 211 II 3. Gruppe Ermöglichungsabsicht	Tötung muss Mittel zur **Ermöglichung einer Straftat** sein und darf nicht nur eine Begleiterscheinung oder Folge des Vorgehens des Täters darstellen => „**Notfalls über Leichen gehen**". Ordnungswidrigkeiten sind nicht ausreichend. Es reicht aus, dass die Tat aus Tätersicht schneller und leichter begangen werden kann
Vordeckungsabsicht	Tötung muss das Mittel der **Verdeckung einer Straftat** sein und darf nicht nur eine Folge einer anderen Handlung darstellen => Verbergen der eigenen oder fremden Täterschaft durch Tötung des Opfers, Tatzeugen oder

Verfolgers. Ordnungswidrigkeiten sind nicht ausreichend. Ferner nicht ausreichend, wenn sich der Täter nur durch Flucht der Festnahme entziehen will (hier: keine Verdeckungsabsicht, aber niedriger Beweggrund)

§ 212

Mensch

Beginn des menschlichen Lebens: Beginn der Geburt, d. h. mit den Eröffnungswehen (bei Kaiserschnitt ab Öffnen des Uterus) => Auf Lebensfähigkeit des Kindes kommt es nicht an. **Ende des menschlichen Lebens:** Hirntod (siehe bei § 211)

§ 216

Verlangen

Tötung muss durch autonomen Willen des Opfers **ernstlich begehrt** und unmissverständlich **kundgetan** worden sein, d. h. im Tatzeitpunkt noch vorliegen

Ernstlichkeit

Setzt voraus, dass der Verlangende imstande ist, die **Tragweite** seiner Entscheidung zu **erfassen**, und dass er sie **frei von Zwang** und frei von anderen wesentlichen **Willensmängeln** trifft

Aktive Euthanasie

Aktive Sterbehilfe. Lebensverkürzung durch aktives Tun (Verabreichung einer Todesspritze) => grundsätzlich gem. § 216 strafbar, wenn dessen Voraussetzungen vorliegen

Passive Euthanasie

Passive Sterbehilfe durch Sterben-Lassen. Unterlassung lebenserhaltender Maßnahmen, wodurch der Sterbevorgang beschleunigt wird => **zulässig**, wenn ein tatsächlicher oder mutmaßlicher Wille des Patienten feststellbar ist (*Einverständlicher Behandlungsverzicht* durch Einwilligung/Verlangen) oder wenn das Schmerzlinderungsinteresse überwiegt (*einseitiger Behandlungsabbruch*). Sonst ist Sterbehilfe nur zulässig, wenn Lebensverlängerungsmaßnahmen faktisch unmöglich oder normativ unzumutbar sind

§ 221

Hilflose Lage

Situation, in der der Betreffende sich **nicht aus eigener Kraft** vor einer ihm drohenden Gefahr schützen kann => **konkrete** Gefahr des Todes (Lebensgefahr) / **konkrete** Gefahr einer schweren Gesundheitsschädigung

Versetzen

Zustandsveränderung beim Opfer vornehmen, deren Folge eine hilflose Lage ist, in der dann das Opfer allein gelassen wird => Versetzen ist auch durch Unterlassen bei

	bestehender Garantenstellung i. S. d. § 13 I möglich
Im-Stich-lassen	**Unterlassen** der zur Gefahrabwendung gebotenen und nach den Umständen auch möglichen und zumutbaren Hilfeleistung, wodurch eine bestehende Gefahr entweder nicht beseitigt oder erhöht wird => Täter kann nur sein, wer gegenüber der hilflosen Person eine **Obhuts-** oder **Beistandspflicht** hat. Ob so eine Pflicht für das Opfer besteht, ist nach den Grundsätzen über die Entstehung einer Garantenstellung zu beurteilen (siehe wie bei Beschützer-/Überwachungsgaranten)
Obhut	Bereits tatsächlich bestehendes Schutz- oder Betreuungsverhältnis
Beistandspflicht	Besondere Pflicht erforderlich, dass der Im-Stich-Gelassene nicht in Gesundheitsgefahr gerät
Schwere Gesundheitsschädigung	Besteht in einem physischen oder psychischen Krankheitszustand, der die Gesundheit des Betroffenen **ernstlich**, **einschneidend** und **nachhaltig**, d. h. langwierig, qualvoll oder lebensbedrohend, beeinträchtigt => beinhaltet auch erhebliche Herabsetzung der Arbeitskraft

§ 223

Körperliche Misshandlung	Umfasst alle **substanzverletzenden** Einwirkungen auf den **Körper** des Opfers sowie jede **üble, unangemessene Behandlung**, durch die das körperliche Wohlbefinden oder die körperliche Unversehrtheit mehr als nur unerheblich **beeinträchtigt** wird => notwendig ist eine Beeinträchtigung des **physischen** Wohlbefindens. **Seelische** Beeinträchtigungen reichen dann aus, wenn sie körperliche Auswirkungen nach sich ziehen, z.b. Angstschweiß oder Herzrasen
Gesundheitsschädigung	Hervorrufen oder Steigern eines vom Normalzustand nachteilig abweichenden krankhaften Zustandes **körperlicher** oder **psychischer Art**

§ 224

§ 224 I Nr. 1
Gift

Jeder anorganische oder organische Stoff, der unter bestimmten Bedingungen durch chemische oder chemisch-physikalische Wirkungen die Gesundheit zu schädigen vermag => z. B. Salzsäure, Rauschmittel, Arsen. Gift ist hier nur ein Unterfall der gesundheitsschädlichen Stoffe

Gesundheitsschädliche Stoffe	Stoffe, die mechanisch oder thermisch wirken => z. B. heißes Wasser, gestoßenes Glas
Beibringen	Sobald Stoffe **in den Körper** des anderen eingeführt werden, so dass diese ihre gesundheitsschädlichen Wirkungen entfalten können
§ 224 I Nr. 2 **Waffe**	Gebrauchsbereiter Gegenstand, der seiner Natur nach dazu bestimmt ist, auf mechanischem oder chemischem Wege einem Menschen Verletzungen beizufügen (Waffe ist nur ein Unterfall eines gefährlichen Werkzeuges)
Gefährliches Werkzeug, **§ 224 I Nr. 2**	Jeder Gegenstand, der nach seiner Beschaffenheit und der Art seiner Verwendung als Angriffs- oder Verteidigungsmittel im **konkreten** Fall geeignet ist, **erhebliche** Verletzungen zuzufügen => Nach Auffassung des BGH muss das Werkzeug auf das Opfer zubewegt werden, sprich „**beweglich**" sein
§ 224 I Nr. 3 **Überfall**	Jeder plötzliche, unerwartete Angriff auf einen Ahnungslosen

Hinterlistig	Wenn der Täter seine wahre Absicht **planmäßig** berechnend verdeckt, um gerade dadurch die Abwehr zu erschweren
§ 224 I Nr. 4 **Mit einem anderen Beteiligten gemeinschaftlich begangen**	Mindestens **zwei** Personen müssen unmittelbar **am Tatort** als Angreifer **zusammenwirken**; erfasst sind nach h. M. auch Teilnehmer
§ 224 I Nr. 5 **Lebensgefährdende Behandlung**	Verletzungshandlung muss nach den **konkreten** Umständen geeignet sein, das Leben des Opfers in eine **abstrakte Gefahr** zu bringen => d. h. eine konkrete Lebensgefahr ist nicht erforderlich (h.M.)! A.A.: Lebensgefahr muss konkret sein
§ 225	
Quälen	Verursachung **länger andauernder** oder sich **wiederholender** erheblicher Schmerzen oder Leiden **körperlicher** oder **seelischer** Art
Rohe Misshandlung	Erhebliche Beeinträchtigung des körperlichen Wohlbefindens infolge gefühlloser, fremdes Leiden missachtender Gesinnung
Böswillige Vernachlässigung	Unterlassung der dem Täter möglichen, erforderlichen und ihm zumutbaren Sorgemaßnahmen aus einem **beson-**

ders verwerflichen Motiv heraus (=> z. B. Hass, Bosheit), nicht jedoch aus Gleichgültigkeit oder Charakterschwäche

Schwere Gesundheitsschädigung
(§ 225 III Nr. 1)

Siehe bei § 221

§ 226

§ 226 I Nr. 2
Glied

In sich abgeschlossener Körperteil mit Eigenaufgaben im Gesamtorganismus => z. B. Nase, eine Hand, Zeigefinger; nach einer Ansicht auch **innere** Organe

Wichtigkeit

Wesentliche Bedeutung des Gliedes für den Menschen (objektive Gesamtfunktion) => h.Lit. berücksichtigt im Gegensatz zur Rspr. auch die individuellen Verhältnisse des Tatopfers, wie z. B. dessen Beruf

Verlust / Gebrauchsunfähigkeit

Abtrennen des wichtigen Gliedes begründet den **Verlust. Gebrauchsunfähigkeit** liegt vor, wenn der Verletzte das Glied dauerhaft nicht mehr seiner Funktion entsprechend einsetzen kann, z.B. Versteifung eines Gliedes

§ 226 I Nr. 3
Erheblich entstellt

Erheblich entstellt ist eine Person, wenn ihr äußeres Erscheinungsbild durch eine körperliche Verunstaltung wesentlich beeinträchtigt wird

Dauernd

Dauernd ist eine Entstellung, wenn sie mit einer **bleibenden** oder **unbestimmt langwierigen** Beeinträchtigung des Aussehens verbunden ist => Allerdings: Realisierbarkeit und Zumutbarkeit von kosmetischen Operationen berücksichtigen!

Lähmung

Erhebliche Beeinträchtigung der **Bewegungsfreiheit** eines Körperteils, die den **ganzen** Körper in Mitleidenschaft zieht

Geistige Behinderung

Jede Gehirnverletzung, die körperliche Auswirkungen **nicht unerheblichen** Maßes hat

§ 231

Schlägerei

Tätlicher Streit mit gegenseitigen Körperverletzungen zwischen **mindestens drei** Personen => Schlägerei endet in dem Moment, in dem sich die dritte Person entfernt und somit nur noch zwei Personen übrig bleiben

Von mehreren verübter Angriff

Feindselige, unmittelbar auf den Körper des bzw. der Opfer **abzielende** Einwirkung durch **mindestens zwei** Personen => Angreifer müssen nicht mittäterschaftlich zusammenwirken!

Beteiligt

Jede am Tatort stattfindende physische oder psychische Mitwirkung an einer gegen eine andere Person gerichteten Tätlichkeit => jede aktive Teilnahme genügt, z. B. Abhalten von Hilfe, Anfeuern

§ 239

Fortbewegungsfreiheit

Freiheit, sich vom derzeitigen Aufenthaltsort **jederzeit** ohne Beeinträchtigung **fortzubewegen**, sofern man es wollte

Einsperren

Festhalten in einem umschlossenen Raum durch **äußere** Vorrichtungen, so dass der Betroffene daran gehindert ist, sich **frei** von der Stelle **fortzubewegen** => Auch in einem beweglichen Gegenstand möglich, z. B. fahrendes Auto

Auf andere Weise der Freiheit beraubt

Eingriff in die persönliche Bewegungsfreiheit eines Menschen durch **Gewalt**, **List** oder **Drohung**, so dass diesem - auch nur vorübergehend- die Möglichkeit genommen wird, sich **frei fortzubewegen**

§ 239a / § 239b

Entführen

Die vom Täter vorgenommene oder veranlasste **Änderung des Aufenthaltsortes** einer Person gegen oder ohne den Willen des Opfers

Sich-Bemächtigen	Begründung **eigener physischer Herrschaft** über den **Körper** eines anderen Menschen => Ortsveränderung ist nicht notwendig!

§ 240

Nötigen	Das Opfer gegen seinen Willen zu einem Handeln, Dulden oder Unterlassen zwingen
Gewalt	Laut BGH der durch körperliche Kraftentfaltung vermittelte (zumindest auch) **physisch beim Opfer wirkende Zwang** zur Überwindung von geleistetem oder erwarteten Widerstand. Der sog. *vergeistigte Gewaltbegriff*, der bereits bei *psychisch* wirkendem Zwang „Gewalt" bejahte, ist wegen Verstoßes gegen das Analogieverbot (Art. 103 II GG) nach einer Entscheidung des BVerfG nicht mehr haltbar. Eine bloße Sitzblockade als solche stellt also noch keine Gewalt dar
Drohung	Das ausdrückliche oder konkludente Inaussichtstellen eines **künftigen Übels**, auf dessen Eintritt der Drohende einen **Einfluss** zu haben **vorgibt** => Abzugrenzen von der bloßen **Warnung**: Ankündigung eines Übels auf das der Warnende **keinen Einfluss** zu haben vorgibt! Abgrenzungskriterium zur Gewalt: **Gegenwärtige** Übelzufügung

= Gewalt; **Künftige** Übelzufü-
gung = Drohung. Täter kann
auch mit einem **Unterlassen**
drohen!

Empfindliches Übel

Empfindlich ist ein Übel dann,
wenn der in Aussicht gestellte
Nachteil von solcher Erheb-
lichkeit ist, dass seine Ankün-
digung geeignet ist, einen
besonnenen Menschen zu
dem bezweckten Verhalten zu
veranlassen

Verwerflichkeit (§ 240 II)

Verwerflich ist, was **sozial
unerträglich** und wegen
seines **grob anstößigen** Cha-
rakters **besonders stark zu
missbilligen** ist

§ 241

Bedrohung

Siehe bei § 240 „Drohung"

Vortäuschen

Versuch des Hervorrufens eines Irrtums in naher Zukunft

§ 242

Sache

Jeder körperliche Gegenstand
=> Unabhängig von dem
Aggregatzustand

Beweglich

Beweglich sind alle Sachen,
die **tatsächlich** fortbewegt
werden können

Fremd

Für den Täter fremd sind die
Sachen, die weder in seinem
Alleineigentum stehen noch
herrenlos sind

Wegnahme	**Bruch** fremden und **Begründung** neuen, nicht notwendig tätereigenen **Gewahrsams**
Gewahrsam	Die von einem natürlichen **Herrschaftswillen** getragene **tatsächliche Sachherrschaft** eines Menschen über einen Gegenstand unter Berücksichtigung der **Verkehrsanschauung**
Natürlicher Herrschaftswille	Natürlicher **Beherrschungswille** => Diesen können auch Kinder, Betrunkene und Geisteskranke haben
Tatsächliche Sachherrschaft	Wenn ohne Überwindung von Hindernissen der unmittelbare Zugriff auf die Sache möglich ist
Mitgewahrsam	**Mehrere** Personen haben Gewahrsam an einer Sache => Jeder Gewahrsamsinhaber kann ggf. den Gewahrsam des anderen brechen
Gewahrsamsbruch	Aufhebung der tatsächlichen Sachherrschaft **gegen** oder **zumindest ohne den Willen** des bisherigen Gewahrsamsinhabers => **Einverständnis** des Gewahrsamsinhabers lässt den Tatbestand entfallen!
Begründung neuen Gewahrsams	Wenn der Täter die **tatsächliche** Sachherrschaft über die Sache derart erlangt, dass ihrer Ausübung **keine** wesentlichen Hindernissen entge-

genstehen und der bisherige Gewahrsamsinhaber auf die Sache nicht mehr einwirken kann, ohne zuvor die Verfügungsgewalt des Täters zu beseitigen

Zueignungsabsicht

Wenn der Täter die **Sache selbst** oder den **in ihr verkörperten Sachwert** seinem eigenen Vermögen oder dem eines Dritten **einverleiben** und die Sache ihrer Substanz oder ihrem Werte nach nicht mehr an den Eigentümer zurückgelangen lassen will (= Vereinigungstheorie); **kurz:** Zueignung = Enteignung + Aneignung

Enteignung

Endgültige Verdrängung des Eigentümers aus seiner wirtschaftlichen Position => Abgrenzung zur straflosen **Gebrauchsanmaßung**, bei der der Täter Rückführungswillen hat (aber: §§ 248b, 290). Der **Enteignungswille**, der **bei** der Wegnahme vorliegen muss, **fehlt** nur dann, wenn der Eigentümer nach dem Willen des Täters die Sache **ohne** merklichen **Wertverlust** und **ohne** besonderen **Aufwand zurückerhalten** soll!

Aneignung

Wenn es dem Täter darauf ankommt, sich die Sache (oder deren Sachwert) für eigene Zwecke (oder für die Zwecke eines Dritten) **zu-**

mindest vorübergehend einzuverleiben bzw. darüber zu verfügen => Abgrenzung zur Sachbeschädigung,§ 303 und zur straflosen Sachentziehung

Drittzueignungsabsicht

Täter muss die Absicht haben, dass sich ein **Dritter** die Sachsubstanz bzw. den Sachwert aneignet und Vorsatz verfolgen, dass dem Eigentümer Sache dauerhaft entzogen wird

Rechtswidrigkeit der Zueignung

Rechtswidrig ist die erstrebte Zueignung, wenn sie im **Widerspruch** zur Rechtsordnung steht, d. h. wenn sie nicht einem fälligen, einredefreien Anspruch auf Übereignung des Wegnahmeobjekts entspricht

§ 243

§ 243 I 2 Nr. 1
Umschlossener Raum

Jedes Raumgebilde, das (zumindest auch) zum **Betreten durch Menschen** bestimmt und mit **Vorrichtungen** versehen ist, die das Eindringen von Unbefugten abwehren sollen und ein tatsächliches, nicht unerhebliches Hindernis bilden => Raum muss nicht überdacht sein. Außerdem braucht er nicht verschlossen sein, er darf aber nicht für jedermann frei zugänglich sein!

Einbrechen	**Gewaltsames Öffnen** oder **Erweitern** des Zugangs zu einem umschlossenen Raum durch nicht ganz unerhebliche körperliche Anstrengung => Eintritt in den Raum ist nicht erforderlich!
Einsteigen	Das **Betreten** auf einem nicht ordnungsgemäßen Wege unter Überwindung nicht ganz unerheblicher Hindernisse => Erforderlich ist, dass der Täter **innerhalb** des Raumes einen **Stützpunkt** gefunden hat
Falscher Schlüssel	Jeder Schlüssel, den der Berechtigte nicht oder nicht mehr zur Öffnung bestimmt hat => Unter „Schlüssel" können auch „Code-Karten" fallen
Anderes Werkzeug	Alle Gegenstände, durch die der **Mechanismus** des Verschlusses ordnungswidrig in Bewegung gesetzt wird => z. B. Dietrich, Schraubenzieher
Sichverborgenhalten	Wenn sich der Täter zur Tatbegehung in dem Raum derart aufhält, dass er Vorkehrungen gegen ein Bemerktwerden trifft oder getroffen hat
§ 243 I 2 Nr. 2 **Behältnis**	Ein zur **Aufnahme von Sachen** dienendes und sie umschließendes Raumgebilde, das nicht dazu bestimmt ist, von Menschen betreten zu werden

Verschlossen	Künstlich gesichert gegen unbefugten Zugriff
Schutzvorrichtung	Jede von Menschenhand geschaffene Einrichtung, die geeignet und bestimmt ist, die **Wegnahme** einer Sache **erheblich** zu **erschweren** => z. B. Fahrradschloss, Lenkradschloss
§ 243 I 2 Nr. 3 Gewerbsmäßig	Wenn der Täter in der Absicht handelt, sich durch **wiederholte** Diebstähle eine **fortlaufende** Einnahmequelle von einiger **Dauer** und einigem **Umfang** zu verschaffen => Merkmal kann schon bei der **ersten** Tat vorliegen, sofern der Täter in dieser Absicht handelt!
§ 243 I 2 Nr. 6 Ausnutzen	Wenn man sich einen **Schwächezustand** eines anderen **bewusst** zunutze macht
Hilflosigkeit	Zustand, in dem der Betroffene **schutzlos** einem Eigentums- oder Gewahrsamsangriff ausgesetzt ist
Unglücksfall	Siehe bei § 323c
Gemeine Gefahr	Siehe bei § 323c
§ 243 II Geringwertige Sachen	Kommt maßgeblich auf den **objektiven Verkehrswert** der Sache **zur Tatzeit** an. Streitig seit €-Einführung: Die Spanne reicht nunmehr von 25 € über 30 € und 35 € bis zu 50 €.

Waffe,
§ 244 I Nr. 1 a)

Siehe bei § 224 I Nr. 2 => Schuss-, Hieb-, Stoss-, Stichwaffe

Gefährliches Werkzeug,
§ 244 I Nr. 1a)

Begriff nicht identisch mit § 224 I Nr. 2! Dort prägendes Merkmal der konkreten Verwendung fehlt hier, da bereits „Beisichführen" strafbar ist => Lösungsvorschläge zur gebotenen restriktiven Auslegung: 1) Gegenstand muss besonders gefährlich sein 2) Gegenstand zur KV generell gewidmet 3) Verwendungsvorbehalt bzw. Gebrauchsabsicht

Beisichführen, § 244 I Nr. 1a)

Dem Täter steht die Waffe zwischen Versuchsbeginn und Beendigung der Tat so zur Verfügung, dass er sie **jederzeit** ohne besondere Schwierigkeiten zum Einsatz bringen könnte. Er ist sich dieser Gebrauchsmöglichkeit **bewusst** => Waffe muss nicht unbedingt am Körper getragen werden

Sonst ein Werkzeug oder Mittel,
§ 244 I Nr. 1b)

Sonstige Gegenstände oder Tatmittel, die in der **Absicht** zur Gewaltanwendung oder zur Drohung mit Gewalt mitgeführt werden => z. B. Kabelstücke oder Klebeband zur Fesselung

§ 244 I Nr. 2

Bande — Zusammenschluss von mindestens **3 Personen**, die sich mit dem Willen verbunden haben, künftig für eine **gewisse Dauer mehrere** selbständige, im Einzelnen noch ungewisse **Straftaten** im Sinne der §§ 242, 249 zu begehen => Teilweise werden auch nur **zwei** Mitglieder gefordert, aber Argument für drei: Erhöhte Gefährlichkeit durch Dynamik des „Korpsgeistes" einer Gruppe erst ab 3 Personen gegeben

Mitwirkung — Ein Bandenmitglied muss **am Tatort** mitwirkend (zumindest §§ 26, 27) und im **zeitlichen** Zusammenhang mit der Tat bis zu deren Beendigung anwesend sein

§ 244 I Nr. 3

Wohnung — Jeder wenigstens zum Teil überdachte, umschlossene Raum, der dem Zweck dient, **Menschen** zumindest vorübergehend **Unterkunft** zu gewähren

Einsteigen — Siehe bei § 243 I 2 Nr. 1

Falscher Schlüssel — Siehe bei § 243 I 2 Nr. 1

Anderes Werkzeug — Siehe bei § 243 I 2 Nr. 1

Sich Verborgen halten — Siehe bei § 243 I 2 Nr. 1

§ 244a

Bande	Siehe bei § 244 I Nr. 2
Mitwirkung	Siehe bei § 244 I Nr. 2

§ 246

Fremde bewegliche Sache Siehe bei § 242

Zueignung Siehe bei § 242. Allerdings muss sich hier die Intention, sich oder einem Dritten die Sache zuzueignen, **äußerlich** manifestiert haben, d. h. es muss eine objektiv erkennbare Betätigung des **Zueignungswillens** nach außen gegeben sein => Aus der Sicht eines objektiven Beobachters muss das Verhalten des Täters zum Ausdruck bringen, dass dieser die Sache behalten will! **Beispiele** für Zueignung: Verzehr, Verbrauch, Verschenken, Verarbeitung; Gegenbeispiel: Nichtanzeige eines Fundes

Anvertraut (§ 246 II) Anvertraut sind solche Sachen, deren Gewahrsam der Täter mit der Verpflichtung erlangt hat, sie zu **einem bestimmten Zweck** zu **verwenden** oder sie **zurückzugeben** (z.B. Miete, Leihe)

§ 247

Angehöriger Bestimmung nach § 11 I Nr. 1

Häusliche Gemeinschaft	Jede **frei** gewählte Wohn- und Lebensgemeinschaft => z. B. Haushalt einer Familie, WG; Gegenbeispiel: Kaserne

§ 248a

Geringwertige Sachen	Siehe bei § 243 II

§ 248b

Kraftfahrzeug	**Legaldefinition** in **§ 248b IV**
Ingebrauchnehmen	Wer ein Fahrzeug bestimmungsgemäß als **Fortbewegungsmittel** benutzt und damit in Bewegung setzt => Anlassen des Motors reicht nicht aus; Übernachtung im Auto, blinde Passagiere fallen nicht darunter
Berechtigter	Berechtigter ist derjenige, der das Verfügungsrecht über den Fahrzeuggebrauch inne hat

§ 249

Gewalt gegen eine Person	Jeder **körperlich** wirkende **Zwang**, der durch seine mittelbare oder unmittelbare Wirkung auf einen anderen nach der Vorstellung des Täters zur **Überwindung** eines geleisteten oder erwarteten **Widerstands** geeignet ist
Drohung	Siehe bei § 240, allerdings muss das in Aussicht gestellte Übel eine **Gefahr für Leib oder Leben** sein

Gegenwärtigkeit der Gefahr	Die Gefahr ist gegenwärtig, wenn sie sich bei natürlicher Weiterentwicklung der Dinge **jederzeit** realisieren kann
Fremde bewegliche Sache	Siehe bei § 242
Wegnahme	Siehe bei § 242
Finalzusammenhang	Die Gewalt oder die Drohung muss zum Zwecke der Wegnahme erfolgen, d. h. nach der **Vorstellung** des Täters muss die Gewalt oder die Drohung als Mittel zur **Ermöglichung der Wegnahme** eingesetzt werden

§ 250

§ 250 I Nr. 1 a) **Waffe**	Siehe bei § 244 I Nr. 1 bzw. § 224 I Nr. 2
Gefährliches Werkzeug, § 250 I Nr. 1a)	Siehe bei § 244 I Nr. 1a)
Beisichführen	Siehe bei § 244 I Nr. 1a)
Sonst ein Werkzeug oder Mittel	Siehe bei § 244 I Nr. 1b)
Gefahr einer schweren Gesundheitsschädigung	Besteht, wenn zu befürchten ist, dass das Opfer in eine **ernste, langwierige Krankheit** hätte verfallen oder seine **Arbeitskraft erheblich** hätte **beeinträchtigt** werden können =>Die Gefahr einer schweren Gesundheitsschädigung muss **durch die Tat** verursacht worden sein!

§ 250 I Nr. 2
Bande   Siehe bei § 244 I Nr. 2

Mitwirkung   Siehe bei § 244 I Nr. 2

§ 250 II Nr. 1
Waffe   Siehe bei § 244 I Nr. 1 bzw.
                                         § 224 I Nr. 2

Gefährliches Werkzeug, § 250 II Nr. 1 Siehe bei § 224 I Nr. 2

Verwenden   Wenn die Waffe oder das an-
                                         dere gefährliche Werkzeug
                                         als Mittel zur **Willensbeu-**
                                         gung durch Drohung oder
                                         Gewalt eingesetzt wird, **ohne**
                                         dass dadurch **zwingend** eine
                                         konkrete Gefahr erheblicher
                                         Verletzungen anderer begrün-
                                         det werden muss => d. h. die
                                         Entstehung einer konkreten
                                         Gefahr für Leib oder Leben ist
                                         nicht unbedingt erforderlich!

§ 250 II Nr. 2
Waffe   Siehe bei § 244 I Nr. 1 bzw.
                                         § 224 I Nr. 2

Beisichführen   Siehe bei § 244 I Nr. 1

§ 250 II Nr. 3
Schwere körperliche Misshandlung   Wenn die körperliche Integri-
                                         tät des Opfers mit **erheblich-**
                                         en Folgen für die Gesundheit
                                         oder in **besonders** schmerz-
                                         hafter Weise beeinträchtigt ist

§ 251

Leichtfertigkeit   Außerachtlassung der gebo-
                                         tenen Sorgfalt aus besonder-
                                         em Leichtsinn oder beson-
                                         derer Gleichgültigkeit

§ 252

Gewalt gegen eine Person	Siehe bei § 249
Drohung	Siehe bei § 249 bzw. § 240
Auf frischer Tat	Wenn der Täter noch **am Tatort** oder in **dessen Nähe** ist und noch ein **zeitlicher** Zusammenhang gegeben ist
Betroffen	Betroffen ist der Täter laut BGH dann, wenn er **bemerkt** wird oder wenn er dem Bemerktwerden durch schnelles **Zuschlagen zuvorkommt (str.)** => Beispiel: Niederschlagen eines ahnungslosen Wachmannes

§ 253

Gewalt	Siehe bei § 240
Drohung	Siehe bei § 240
Vermögensnachteil	Wenn die Vermögenslage des Betroffenen **nach der Tat ungünstiger** als vorher ist => Vermögensnachteil entspricht dem Begriff des Vermögensschadens beim Betrug
Verwerflichkeit (§ 253 II)	Siehe bei § 240

§ 255

Gewalt gegen eine Person	Siehe bei § 249
Drohung	Siehe bei § 249 bzw. § 240

Gegenwärtigkeit	Falls der **Schadenseintritt sicher** oder **höchstwahrscheinlich** ist, wenn nicht alsbald **Abwehrmaßnahmen** ergriffen werden

§ 257

Hilfeleisten zur Vorteilssicherung	Erfordert eine Handlung des Täters, die **objektiv** geeignet ist, dem Vortäter bzw. Tatbeteiligten den **Vorteil der Tat zu sichern**, so dass er diesem nicht mehr entzogen wird

§ 258

Vereiteln	Verhalten, welches bewirkt, dass der staatliche **Strafanspruch** ganz oder zum Teil endgültig oder für geraume Zeit **nicht durchgesetzt** werden kann => Allerdings muss es sich um eine **tatsächlich** begangene Straftat handeln!

§ 259

Sichverschaffen	Liegt vor bei gewolltem Erwerb der selbständigen (Mit-) Verfügungsgewalt über die Sache zu **eigenen** Zwecken
Absetzen	**Selbständige, weisungsunabhängige** Verwertung **im Interesse** und **mit Einverständnis** des Vortäters => Beispiel: Verkaufskommissionär

Absetzen helfen

**Unselbständige, weisungs-
gebundene** Unterstützung
des Vortäters beim Weiter-
verschieben der Beute =>
Beispiel: Verkaufsgehilfe

§ 260 / § 260a

Bande

Siehe bei § 244 I Nr. 2

Gewerbsmäßig

Siehe bei § 243 I 2 Nr. 3

§ 263

§ 263 I
Täuschung

Jede intellektuelle Einwirkung
auf das Vorstellungsbild eines
anderen mit dem Ziel der **Irre-
führung über Tatsachen** =>
Täuschung kann ausdrück-
lich, konkludent und durch
Unterlassen erfolgen

Tatsachen

Dem **Beweis zugängliche**
Ereignisse oder Zustände der
Gegenwart oder Vergangen-
heit => Sowohl **äußere** als
auch **innere** Tatsachen, Beispiel: Zahlungsfähigkeit = Äußere Tatsache; Zahlungsbe-
reitschaft = Innere Tatsache.
Werturteile und **Meinungs-
äußerungen** werden **nicht
erfasst**!

Irrtum

Jede unrichtige, **nicht der
Wirklichkeit** entsprechende
Vorstellung über Tatsachen
=> Kein Irrtum, wenn Opfer
die Unwahrheit der Tatsache
kennt!

Irrtumserregung	Wenn der Täter beim Getäuschten eine **Fehlvorstellung** hervorruft
Unterhalten eines Irrtums	Täter bestärkt eine **bereits vorhandene** Fehlvorstellung oder verhindert bzw. erschwert deren Aufklärung => Bloßes Ausnutzen einer vorhandenen Fehlvorstellung genügt nicht
Vermögensverfügung	Jedes Handeln, Dulden oder Unterlassen, das eine Vermögensminderung unmittelbar herbeiführt
Unmittelbar	Zum Eintritt der Vermögensminderung darf **kein** weiteres eigenmächtiges Handeln des Täters erforderlich sein
Vermögensminderung	Bei jedem **wirtschaftlichen Nachteil** beliebiger Art gegeben
Vermögen	Vermögen bedeutet nach h. M. die Gesamtheit der wirtschaftlichen Güter einer natürlichen oder juristischen Person (= **wirtschaftlicher Vermögensbegriff**)
Vermögensschaden	Differenz zwischen dem Wert des Vermögens **vor** und dem Wert des Vermögens **nach** der Verfügung => Berechnung erfolgt anhand eines objektiv-individualisierenden Beurteilungsmaßstabes nach dem Prinzip der Gesamtsaldierung. Gesamtsaldierung ist beson-

74

ders bei gegenseitigen Verträgen von Bedeutung => Hier sind die beiderseitigen Vertragsverpflichtungen miteinander zu vergleichen

Vermögensvorteil

Jede günstige Gestaltung der Vermögenslage

Eingehungsbetrug

Wenn schon **in der Eingehung** der rechtsgeschäftlichen Verpflichtung eine Belastung des Vermögens liegt, weil der Verpflichtung kein gleichwertiger Anspruch gegenübersteht => Bleibt bei objektiver Betrachtung der wirtschaftliche Wert der Gegenleistung hinter dem der übernommenen Verpflichtung zurück, liegt ein Schaden vor

Erfüllungsbetrug

Von Erfüllungsbetrug spricht man, wenn es zum täuschungsbedingten Leistungsaustausch kommt => Schadensermittlung findet durch Vergleich der vor der Täuschung geschuldeten Leistung mit der später tatsächlich erbrachten Leistung statt. Unterscheidung **echter** und **unechter** Erfüllungsbetrug!

Echter Erfüllungsbetrug

Wenn Täter **nach** Vertragsschluss täuscht und dadurch Schaden entsteht

Unechter Erfüllungsbetrug

Wenn Täter **bei** Vertragsschluss täuscht und die Täuschung fortwirkt

Anstellungsbetrug	Unterfall des Eingehungsbetruges. Wenn sich jemand durch Täuschung eine öffentlich-rechtliche oder privatrechtliche Anstellung erschleicht => Zu vergleichen sind das vereinbarte Entgelt und die zugesagte Gegenleistung bzw. Qualifikation
Dreiecksbetrug	Täter täuscht jemanden, dieser Getäuschte gibt daraufhin irrtumsbedingt Vermögensbestandteile eines Dritten weg => Voraussetzung: Bestehen eines besonderen **Näheverhältnisses** zwischen Getäuschtem (= der evtl. Verfügende) und Geschädigtem!
Rechtswidrigkeit der Bereicherung	Wenn sie der Rechtsordnung widerspricht, wenn also kein fälliger und einredefreier Anspruch auf den Vermögensvorteil besteht
Stoffgleichheit	Unmittelbarkeit zwischen Schaden und dem erstrebten Vermögensvorteil, d. h. Stoffgleichheit ist gegeben, wenn der vom Täter erstrebte Vermögensvorteil auf der gleichen Verfügung wie der Vermögensschaden beruht
§ 263 III 2 Nr. 1 Gewerbsmäßig	Siehe bei § 243 I 2 Nr. 3

| Bande | Zusammenschluss von mindestens **3 Personen**, die sich mit dem Willen verbunden haben, künftig für eine **gewisse Dauer mehrere** selbständige, im Einzelnen noch ungewisse **Straftaten** im Sinne der §§ 263, 267 zu begehen |

§ 263 III 2 Nr. 2

| Großes Ausmaß | Ein Vermögensverlust großen Ausmaßes verlangt **mindestens 50.000 €**, d. h. dann liegt ein **erheblicher** Schaden vor |

| Große Anzahl von Menschen | Entspricht **mindestens 20 Personen** |

§ 263 III 2 Nr. 3

| Wirtschaftliche Notlage | Liegt vor, wenn eine Person nicht mehr über die Mittel verfügt, die zur ordnungsgemäßen Erfüllung ihrer Verbindlichkeiten unerlässlich sind und sie lebenswichtige Ausgaben nicht mehr bestreiten kann |

§ 263 III 2 Nr. 4

| Amtsträger | Siehe Legaldefinition § 11 I Nr. 2 |

§ 263 III 2 Nr. 5

| Vortäuschen eines Versicherungsfalles | Geltendmachung eines in Wahrheit **nicht** bestehenden Anspruchs auf die Versicherungsleistung gegenüber dem Versicherer |

| Bedeutender Wert | Liegt bei ca. **750 €** vor |

| Inbrandsetzen | Siehe bei § 306 |

Brandlegung	Brandlegung ist die Anwendung eines **Brandmittels**, die unmittelbar darauf gerichtet oder dazu geeignet ist, den **Brand** einer Sache zu **bewirken** oder sie zu **zerstören**
Ganz zerstört	Wenn die Sache infolge der Brandlegung **vernichtet** wird bzw. wenn sie ihre bestimmungsgemäße **Brauchbarkeit verliert**
Teilweise zerstört	Wenn Teile der Sache, die für den bestimmungsgemäßen Gebrauch **wesentlich** sind, unbrauchbar geworden sind
Zum Sinken gebracht	Wenn **wesentliche** Teile des Schiffes durch nicht konstruktionsgemäßen Verlust des Eigenauftriebs unter die Wasseroberfläche geraten
Zum Stranden gebracht	Wenn das Schiff **auf Grund** geraten und deshalb **bewegungsunfähig** ist

§ 263a

Daten	Codierte, auf einem Datenträger **fixierte** Informationen über eine außerhalb des verwendeten Zeichensystems befindliche Wirklichkeit
Datenverarbeitung	Alle technischen Vorgänge, bei denen durch **Aufnahme** von **Daten** und ihre **programmgesteuerte Verknüpfung** Arbeitsergebnisse erzielt werden

Programm	Eine durch Daten fixierte **Arbeitsanweisung** an den Computer
Unrichtige Programmgestaltung	Liegt vor, wenn die Arbeitsanweisung auf **betrugsrelevante** Tatsachen bezogen ist und wenn sie bewirkt, dass die Daten letztlich zu einem inhaltlich unrichtigen Ergebnis verarbeitet werden
Unrichtige Daten	Wenn die mit ihnen dargestellten Informationen **falsch** sind, d. h. nicht der Wirklichkeit entsprechen
Unvollständige Daten	Wenn Informationen über **wahre** Tatsachen **pflichtwidrig vorenthalten** werden
Unbefugte Verwendung	Nach h. M. handelt unbefugt, wer sich einer fremden Karte und PIN-Nummer bedient, um -**täuschungsähnlich**- eine eigene materielle Berechtigung vorzuspiegeln => Beispiel: Verwendung einer Magnetstreifen-EC-Karte durch Unbefugten
Beeinflussen	Jede Einwirkung, die das Ergebnis einer Datenverarbeitung modifiziert
Vermögensschaden	Siehe bei § 263 I => Hier muss die Manipulation einen Vermögensschaden zur Folge haben

§ 264

Subvention	Legaldefinition in § 264 VII
Subventionserhebliche Tatsachen	Legaldefinition in § 264 VIII
vorteilhaft	Wenn die Angabe die Aussichten des Subventionsempfängers, dass ihm die Subvention gewährt bzw. belassen wird, gegenüber der wirklichen Lage **objektiv** verbessert

§ 265

versicherte Sache	Wenn über die Sache ein Versicherungsvertrag **abgeschlossen** und **förmlich** zustande gekommen ist => Unerheblich, ob Versicherungsvertrag anfechtbar oder nichtig ist oder ob Beiträge oder Prämien gezahlt sind; nur die **formelle Gültigkeit** des Vertrages zählt!
Beschädigung	Siehe bei § 303
Zerstörung	Siehe bei § 303
Beeinträchtigung ihrer Brauchbarkeit	Teilweise schon von dem Begriff „Beschädigen" erfasst, allerdings werden hier auch Fälle **ohne** unmittelbare Einwirkung auf die Sache erfasst!
Beiseiteschaffen	Räumliches Verschieben oder Verbergen bzw. das Verbringen der Sache in eine andere rechtliche Lage, um so den Versicherungsfall auszulösen

80

Überlassen an einen anderen	Täter überlässt einem anderen die versicherte Sache zum **Zwecke** der Auslösung des Versicherungsfalls => Weitergabe kann entgeltlich oder unentgeltlich erfolgen; Beispiel: KfZ-Verschiebung

§ 265a

Automat	Automat ist nach h. M. nur der **Leistungs-** und **nicht** der **Warenautomat** => Beispiel: Spielautomat, Waschautomat; kein Leistungsautomat ist die Parkuhr!
Erschleichen der Leistung	Besteht in ihrer Inanspruchnahme durch **ordnungswidrige Betätigung** der technischen Vorrichtungen des Automaten
Erschleichen der Beförderung / des Zutritts	Den Anschein ordnungsgemäßer Bezahlung erwecken bzw. Kontrollmaßnahmen umgehen

§ 266

Missbrauch der Befugnis (Missbrauchstatbestand)	Handeln im Rahmen des rechtlichen Könnens (rechtswirksames Außenverhältnis) unter Überschreitung des rechtlichen Dürfens (rechtswirksames Innenverhältnis) => Wenn auch das rechtliche Können überschritten wird, dann kommt nur der Treubruchstatbestand in Betracht!
Vermögen	Siehe bei § 263 I

Vermögensschaden	Siehe bei § 263 I
Vermögensbetreuungspflicht	Es muss sich um eine **Hauptpflicht** des Täters handeln, die den typischen und wesentlichen Inhalt des Treueverhältnisses bildet. Desweiteren muss die Vermögensbetreuungspflicht von **einiger Bedeutung** sein, d. h. es muss sich um eine bedeutende Angelegenheit mit einem Aufgabenkreis von einigem Gewicht handeln. Eine gewisse **Eigenverantwortlichkeit** des Täters muss vorliegen, d. h. er muss selbständig handeln können und eigenen Entscheidungsspielraum haben => Vermögensbetreuungspflicht ist nach h. M. sowohl für den Missbrauchs- (§ 266 I 1. Alt.), als auch für den Treubruchstatbestand (§ 266 I 2. Alt.) erforderlich!
Verletzung einer spezifischen Treuepflicht	Kann durch jedes **rechtsgeschäftliche** oder **tatsächliche** Verhalten verwirklicht werden. (auch durch Unterlassen!) Dabei kann auch jedes **schädigende** Verhalten eine Pflichtverletzung darstellen => z. B. Verbrauch, Verarbeitung, Vermischung

„Wer..."

Nur der **berechtigte** Karten-
inhaber kommt als Täter in
Frage => **Sonderdelikt!**, d. h.
wer die Karte gestohlen bzw.
wer die Karte gefunden hat,
kann **kein** Täter i.S.d. § 266b
sein!

Missbrauch

Wenn der Täter das Kreditinstitut im Außenverhältnis
rechtlich wirksam bindet
(**rechtliches Können**), im
Innenverhältnis aber seine
Befugnisse überschreitet
(**rechtliches Dürfen**)

Kreditkarte

Universalkreditkarte im **Drei-
Partner-System**, nicht jedoch
sog. Kundenkarten im **Zwei-
Partner-System** (Spezial-
kreditkarte) => Beispiele für
Universalkreditkarten: Visa,
American Express, Eurocard;
Spezialkreditkarten: Goldene
Kundenkarte von Quelle, Kar-
stadt, Kaufhof. Karten, die sowohl im Zwei-, als auch im
Drei-Partner-System verwendet werden können, werden
dann von § 266b geschützt,
wenn der Kartenmissbrauch
im Drei-Partner-System
erfolgte! Im Zwei-Partner-
System ist § 263 einschlägig

Scheckkarte

Darunter sind **Euroscheck-
karten** zu verstehen (Garan-
tievertrag zwischen bezogen-
em Kreditinstitut und Scheck-
nehmer)

§ 267

Urkunde

Jede **verkörperte Gedankenerklärung** (Perpetuierungsfunktion), die zum **Beweis** im Rechtsverkehr **bestimmt** und **geeignet** ist (Beweisfunktion) und die ihren **Aussteller erkennen** lässt (Garantiefunktion) => Gedankenerklärung muss dem Verständnis zugänglich sein; Beispiele: Keine Urkunden: gesprochenes Wort, technische Aufzeichnungen => Ausnahme sog. EDV-Urkunden = Diese sind Gedankenerklärungen, wenn der Input durch Menschen und damit nicht geräteautonom erfolgt ist oder wenn jemand solche Schriftstücke im Rechtsverkehr als eigene gelten lassen will, Beispiel: Steuerbescheid

Gedankenerklärung

Jedes menschliche Verhalten, das geeignet ist, **bestimmte** Vorstellungen hervorzurufen => Keine Urkunden sind sogenannte Augenscheinsobjekte, da diese allein infolge ihrer Eigenschaften oder ihrer Gestalt dazu dienen, Beweis zu erbringen, Beispiele: Fingerabdrücke, Blutproben

Beweiseignung

Die Gedankenerklärung muss aufgrund ihres Gedankeninhalts auf die **Überzeugungsbildung** einwirken können, d. h. sie muss für den/die Beteiligte(n) **verständlich** sein!

Subjektive Beweisbestimmung	Setzt einen durch einen beliebigen Akt nach **außen getretenen Willen** voraus, die Gedankenerklärung im Rechtsverkehr einzusetzen
Absichtsurkunde	Wenn die Urkunde gerade zu dem Zweck errichtet worden ist, **rechtserhebliche Tatsachen** zu beweisen => Beispiel: Erstellen einer Quittung
Zufallsurkunde	Wenn die Beweisbestimmung der Erklärung erst **später** beigelegt wird => Beispiel: Tagebuchnotizen, Urkundsentwürfe
Aussteller	Derjenige, dem das **urkundlich Erklärte** im Rechtsverkehr **zugerechnet** wird und von dem die Erklärung in diesem Sinne **geistig herrührt**
Gesamturkunde	Wenn **mehrere** Einzelurkunden in dauerhafter Form zu **einem** einheitlichen **Ganzen** zusammengefügt werden und sie dadurch über einen **selbständigen** Erklärungsinhalt verfügen, der über den Erklärungsinhalt der Einzelurkunden hinausgeht => Beispiel: Sparbuch
Zusammengesetzte Urkunde	Verkörperte Gedankenerklärung, die **mit** ihrem **Bezugsobjekt** räumlich **fest** zu einer **Beweiseinheit** verbunden ist => Beispiele: Preisschild an der Ware, Nummernschild an einem Kfz

Beweiszeichen	Zeichen, die nach Gesetz, Herkommen oder Vereinbarung der Beteiligten geeignet und bestimmt sind, zum **Beweis** einer rechtlich erheblichen Tatsache zu dienen => Beispiele: Striche auf Bierfilz, Plombe auf Zähler; Abzugrenzen von **Kennzeichen**, die nicht unter § 267 fallen. Kennzeichen sind keine Urkunden und dienen nur der Individualisierung von Gegenständen, haben folglich keine Beweisfunktion => Beispiel: Spielchip
Echte Urkunde	Der in der Urkunde verkörperte Gedankeninhalt stammt von demjenigen, der aus der Urkunde als **Aussteller** hervorgeht => Inhaltliche Wahrheit der Urkunde ist nicht notwendig!
Unechte Urkunde	Wenn sie nicht von demjenigen stammt, der als Aussteller der Urkunde erkennbar ist
Unechte Urkunde herstellen (§ 267 I 1. Alt.)	**Hervorbringen** einer Urkunde, die den Anschein erweckt, von einer anderen Person als ihrem wirklichen Aussteller herzurühren, d. h. wenn über die **Ausstelleridentität getäuscht** wird

Verfälschen (§ 267 I 2. Alt.)	Jede unbefugte, **nachträgliche Veränderung** der Beweisrichtung und des gedanklichen Inhalts der Urkunde
Gebrauchen (§ 267 I 3. Alt.)	Die Urkunde dem zu Täuschenden so zugänglich machen, dass er die **Möglichkeit** zur Kenntnisnahme hat, unabhängig davon, ob er diese Kenntnis nimmt! => Bloßes Mitführen einer falschen Urkunde reicht nicht aus!
z. Täuschung im Rechtsverkehr	Wer einen anderen über die Echtheit oder Unverfälschtheit einer Urkunde **täuschen** und ihn **dadurch** zu einem **rechtserheblichen Verhalten** veranlassen will => Täuschung = Erregung eines Irrtums, siehe bei § 263 I
Blankettfälschung	Abredewidriges Ausfüllen einer nicht vollständig ausgefüllten, aber unterzeichneten Erklärung = Urkundenfälschung
§ 267 III Nr. 1 **Gewerbsmäßig**	Siehe bei § 243 I 2 Nr. 3
Bande	Siehe bei § 263 III 2 Nr. 1
§ 267 III Nr. 2 **Vermögensverlust großen Ausmaßes**	Siehe bei § 263 III 2 Nr. 2

§ 267 III Nr. 3
Große Anzahl

Mindestens **20** unechte oder verfälschte Urkunden

§ 268

Technische Aufzeichnung

Legaldefinition in **§ 268 II**

Unechte Aufzeichnung herstellen
(§ 268 I Nr. 1 1. Alt.)

Eine technische Aufzeichnung ist **unecht**, wenn sie den Eindruck erweckt, sie sei das Ergebnis eines unbeeinflussten selbsttätigen Aufzeichnungsvorgangs => Beispiele: Totalfälschung, Imitation

Echte Aufzeichnung verfälschen
(§ 268 I Nr. 1 2. Alt.)

Eine echte technische Aufzeichnung wird **nachträglich** verändert, sodass sie einen anderen gedanklichen Inhalt erhält

Aufzeichnung gebrauchen
(§ 268 I Nr. 2)

Gebrauchen siehe bei § 267

§ 269

Speichern von Daten

Speichern ist jeder Vorgang, durch den die Daten in eine Datenverarbeitungsanlage eingegeben werden

Verändern von Daten

Inhaltliche Umgestaltung von beweiserheblichen gespeicherten oder übermittelten Daten

§ 271

Öffentliche Urkunde

Wenn die Urkunde von einer **Behörde** oder einer mit öffentlichem Glauben versehenen Person innerhalb ihrer sachlichen Zuständigkeit in der vorgeschriebenen Form aufgenommen wird und außerdem öffentlichen Glauben genießt, also Beweis für und gegen jedermann erbringt => Legaldefinition siehe § 415 I ZPO

§ 274

Urkunde

Siehe bei § 267

Technische Aufzeichnung

Siehe bei § 268

Gehören

Entscheidend ist hier das **Beweisführungsrecht, nicht** das Eigentum! Daher darf „nicht gehören" **nicht** mit „Eigentum" gleichgesetzt werden!

Beweisführungsrecht

Das Recht, Urkunde oder technische Aufzeichnung zum Beweis zu **gebrauchen** => Beispiel: Führerschein

Vernichten

Zerstören = Völlige Beseitigung der beweiserheblichen Substanz

Beschädigen

Beeinträchtigung des **Beweiswertes** => Es kommt also nicht auf eine Substanzverletzung an

Unterdrücken

Jede Handlung, die den Berechtigten dauernd oder zeitweilig an der **Benutzung** der Urkunde **hindert**

Löschen	**Vollständiges** und unwieder-bringliches Unkenntlichmach-en der Daten
Unbrauchbarmachen	**Beeinträchtigung** der Daten in ihrer Gebrauchsfähigkeit, so dass sie nicht mehr ord-nungsgemäß verwendet wer-den können
Verändern	Daten erhalten einen **anderen** Informationsgehalt, so dass der **ursprüngliche** Verwen-dungszweck **beeinträchtigt** wird

§ 281

Ausweispapier	Eine **echte Urkunde**, die dem Nachweis der **Identität** oder der persönlichen Verhältnisse dienen soll und von einer **öffentlichen** Stelle ausge-stellt ist

§ 292

Wild	Wild lebende jagdbare Tiere => Wilde Tiere i. S. d. § 292 I können nur **herrenlose** Tiere sein (vgl. § 960 I S. 1 BGB)
Sache, die dem Jagdrecht unterliegt	Diesem unterliegt nur eine Sache, solange sie noch **herr-enlos** ist => Wenn Sache nicht mehr herrenlos, ist § 242 einschlägig! Zum Jagdrecht vgl. § 2 BJagdG.
Nachstellen	Umfasst alle Handlungen, die unmittelbar auf das **Fangen**, **Erlegen** oder **Zueignen** von lebendem **herrenlosen Wild** gerichtet sind

§ 303

Sache	Siehe bei § 242
Fremd	Siehe bei § 242
Beschädigen	Jede nicht unerhebliche Einwirkung, die zu einer **Substanzverletzung** und/oder **erheblichen Brauchbarkeitsminderung** führt. Früher strittig: Plakat- und Sprüher-Fälle, bei denen eine rückstandsfreie Beseitigung möglich ist => keine Substanzverletzung, seit 01.09.2005 durch § 303 II erfasst. Bloße **Entziehung** der Sache (z.b. Fliegenlassen eines einheimischen Vogels) ist keine Sachbeschädigung!
Zerstören	Eine so wesentliche **Beschädigung**, dass die beeinträchtigte Sache für ihren Zweck völlig unbrauchbar ist, z.b. Verbrennen der Sache, Töten eines Tieres

§ 304

Öffentlicher Nutzen	Ein Gegenstand dient dem öffentlichen Nutzen, wenn er der Allgemeinheit zugute kommt und der einzelne daraus Vorteil ziehen kann => Beispiel: öffentliche Straßen
Beschädigen	Siehe bei § 303
Zerstören	Siehe bei § 303

§ 306

Fremd	Siehe bei § 242
Gebäude	Bauwerke mit Wand und Dach, die mit dem Erdboden fest verbunden sind und die dem Aufenthalt von Menschen dienen => Muss nicht unbedingt zum Wohnen sein! Beispiele: Container, Rohbauten; nicht: Wohnwagen.
Hütte	Hier sind die Anforderungen an Größe, Festigkeit und Dauerhaftigkeit geringer als beim Gebäude => Beispiele: Bauwagen, Jahrmarktbuden; nicht: Telefonhaus
Inbrandsetzen	Nicht völlig **unwesentlicher** Bestandteil des Gegenstandes muss derart vom Feuer ergriffen sein, dass er auch nach Entfernen oder Erlöschen des Zündstoffs **selbständig** weiterbrennen kann => Bei **Gebäuden** muss ein Bestandteil des Gebäudes in Brand gesetzt werden, der für den bestimmungsgemäßen Gebrauch von **wesentlicher** Bedeutung ist; Beispiele: Fensterrahmen, Treppen; nicht: Gardinen, Mobiliar; brennen nur diese Gegenstände ist das Gebäude noch nicht in Brand gesetzt! Auch ein Inbrandsetzen eines **bereits** brennenden Gebäudes ist möglich, wenn das Gebäude

an anderer Stelle in Brand gesetzt und damit ein **neuer Brandherd** geschaffen wird. Des Weiteren ist ein Inbrandsetzen durch **Unterlassen** möglich, wenn der Täter trotz Garantenpflicht nicht verhindert, dass ein Tatobjekt Feuer fängt

Zerstören durch Brandlegung

Tatobjekt wird **vollständig** vernichtet oder verliert vollständig seine bestimmungsgemäße Brauchbarkeit

Teilweise zerstören

Teile eines Tatobjekts, die für dessen bestimmungsgemäßen Gebrauch wesentlich sind, werden unbrauchbar gemacht

§ 306a

Gebäude

Siehe bei § 306. Bei **gemischt-genutzten Gebäuden**, also teils zu Wohnzwecken, teils gewerbliche Nutzung, ist nach h.M. § 306a auch dann anwendbar, wenn nur die gewerblich genutzten Räume in Brand geraten; dafür muss allerdings nach natürlicher Auffassung ein **einheitliches zusammenhängendes Gebäude** vorliegen. Kriterium: z. B. gemeinsames Treppenhaus

Hütte

Siehe bei § 306

Räumlichkeit	Nach allen Seiten und nach oben abgeschlossener Raum, der zum Betretenwerden durch Menschen bestimmt und geeignet ist => Beispiele: Festzelte, Wohnwagen; nicht: PKW
Inbrandsetzen	Siehe bei § 306
Zerstören durch Brandlegung	Siehe bei § 306
Gefahr einer Gesundheits- schädigung	Wenn das geschützte Rechts- gut in eine kritische Situation geraten ist u. es nur vom **Zu- fall** abhängt, ob Gesundheits- schädigung eintritt oder nicht

§ 306b

Schwere Gesundheitsschädigung	Siehe bei § 221
Große Zahl von Menschen	Jedenfalls bei **14** Personen gegeben
Handeln in Ermöglichungs- oder Verdeckungsabsicht	Siehe bei § 211

§ 306e

Erheblicher Schaden	Bei Personenschäden: Kör- perverletzung mit **erheblicher** Verletzungsgefahr im Sinne des § 224 I Nr. 2; bei Sach- schäden, die einen bedeu- tenden Wert im Sinne der For- mel des § 315c I erreichen; Angenommen ab einem Be- trag von etwa 750 €, der aller- dings von verschiedenen An- sichten als zu gering betrach- tet wird, eher ca. 2500 €, an- sonsten würde § 306 f II zu weit ausgedehnt werden

Straßenverkehr	**Öffentlicher** Straßenverkehr, d. h. die dem allgemeinen Straßenverkehr gewidmeten Straßen, Wege und Plätze sowie solche Verkehrsflächen, die jedermann oder allgemein bestimmten Gruppen von Verkehrsteilnehmern dauernd oder vorübergehend zur Benutzung offen stehen => Beispiele: Tankstellen, Parkplätze von Kaufhäusern
Gefährliche Eingriffe in den Straßenverkehr	Hier wird im Wesentlichen die Beeinträchtigung des Straßen verkehrs von **außen** unter Strafe gestellt => Beispiel: Werfen von Steinen auf eine Autobahn
Anlagen	Sind alle dem **Verkehr** dienenden Einrichtungen => Beispiele: Verkehrszeichen, Ampeln, Absperrungen, Brücken, Straßen
Hindernisse bereiten	Einwirkungen, die geeignet sind, den reibungslosen Verkehrsablauf zu **beeinträchtigen** => Beispiel: Bauen von Straßensperren. Nach h. M. bereitet auch derjenige ein Hindernis, der sein Fahrzeug **bewusst zweckentfremdet** als Mittel der Verkehrsbehinderung einsetzt, wenn dies **objektiv** eine grobe Einwirkung von einigem Gewicht darstellt und der Täter **subjektiv** handelt, um den Verkehrsvorgang zu stören

Konkrete Gefahr für Leib oder Leben	Wenn Eintritt des **Schadens naheliegt** und Gefahrsituation **nicht** mehr **beherrschbar** ist
Sachen von bedeutendem Wert	Ab ca. **750 €**

§ 315c

Straßenverkehr	Siehe bei § 315b
Gefährdung des Straßenverkehrs	Hier wird die **Beeinträchtigung** des Straßenverkehrs von **innen** unter Strafe gestellt => Beispiel: Autofahren im betrunkenen Zustand
Fahrzeug	Jedes **Fortbewegungsmittel**, nicht nur ein Kfz => Beispiel: Fahrrad
Führen	**Inbewegungsetzen** des Fahrzeugs, d. h. liegt vor, wenn die Räder **rollen** => Nicht: Durchdrehen der Räder, Anlassen des Motors
Fahrunsicherheit	Liegt vor, wenn der Fahrer **nicht** fähig ist, sein Fahrzeug im Straßenverkehr über eine längere Strecke, und zwar auch bei plötzlichem Auftreten schwieriger Verkehrslagen, **sicher** zu steuern => Beispiel: Übermüdung durch zu langes Fahren. Maßstab ist das durchschnittliche Können!
Absolute Fahrunsicherheit	Beginnt beim Führen eines Kraftfahrzeugs **ab 1,1 Promille** Blutalkoholgehalt (für Radfahrer: ab 1,6 Promille [str.])

=> Sie stellt eine **unwiderlegliche Vermutung** dar, d. h. ein Gegenbeweis ist unmöglich!

Relative Fahrunsicherheit

Beginnt bei einem Blutalkoholgehalt von **0,3 Promille**. Allerdings erfordert sie zusätzlich noch alkoholbedingte Ausfallerscheinungen => Fahrfehler!

Grob verkehrswidrig

Besonders **schwerer** Verstoß gegen eine Verkehrsvorschrift => Sog. **Sieben Todsünden** des Straßenverkehrs: § 315c I Nr. 2 a) bis g)

Rücksichtslos

Wenn sich Täter aus **eigensüchtigen** Gründen über seine Pflichten hinwegsetzt. Im Fall der Fahrlässigkeit: **Gleichgültiges** Handeln ohne Berücksichtigung der möglicherweise daraus resultierenden Folgen

Konkrete Gefahr für Leib oder Leben

Siehe bei § 315b

Sachen von bedeutendem Wert

Siehe bei § 315b

§ 316

Fahrzeug

Siehe bei § 315c

Führen

Siehe bei § 315c

Absolute/relative Fahrunsicherheit

Siehe bei § 315c => Beispiele für relative Fahrunsicherheit: alkoholbedingtes Fehlverhalten: Fahren in Schlangenlinien, überhöhte Geschwindigkeit.

§ 316a

Angriff auf Kraftfahrer

Eine gegen Leib, Leben oder Entschlussfreiheit des **Fahrzeugführers** bzw. eines **Mitfahrers** gerichtete **feindselige** Handlung => Angriff auf Entschlussfreiheit ist durch Gewalt, Drohung oder Täuschung möglich

Kraftfahrzeug

Siehe Begriff in § 248b IV

Besondere Verhältnisse des Straßenverkehrs ausnutzen

Wenn sich der Täter die **typischen** Situationen und Gefahrenlagen zunutze macht, die aus der Teilnahme am fließenden Straßenverkehr entstehen => Kfz muss als Verkehrsmittel im **fließenden** Verkehr eine Rolle spielen und die Tat muss eine **enge** Beziehung zur Eigenschaft des Kfz als Verkehrs-mittel haben

=> Beispiel: Zwang zum Anhalten bei Hindernissen: Vortäuschung eines Unfalls; kein Ausnutzen: Wenn Fahrzeug lediglich als **Beförderungsmittel** zum Tatort benutzt wird und Tatort in keinerlei Beziehung zum Straßenverkehr steht. Ein Aus-nutzen kommt auch in Betracht, wenn der Fahrer **verkehrsbedingt** vorübergehend halten muss, z. B. an einer Ampel und der Täter das ausnutzt, aber **nicht**, wenn der Fahrer aus sonstigen Gründen anhält und der Täter das ausnutzt, z. B. Halten wegen einer Panne

98

Sich-Versetzen in den Rausch

Hervorrufung eines erheblichen und akuten **Vergiftungszustands**, der durch den Genuss von **Rauschmitteln** hervorgerufen wird => Beispiele berauschender Mittel: Alkohol, Medikamente, Rauschgift, Betäubungsmittel

§ 323c

Unglücksfall

Jedes **plötzlich** eintretende Ereignis, das einen erheblichen Personen- oder Sachschaden anrichtet oder zu verursachen droht

Gemeine Gefahr

Gefährdung einer **unbestimmten** Anzahl von Menschen oder erheblicher Sachwerte => Beispiele: gelockerte Eisenbahnschienen, Waldbrand

Gemeine Not

Eine die **Allgemeinheit** betreffende Notlage

Nicht-Hilfeleisten

Tathandlung ist das **Nichtleisten** der zur Abwendung des drohenden Schadens erforderlichen und zumutbaren Hilfe => Erforderlichkeit siehe bei § 32

§ 324

Gewässer

Legaldefinition in **§ 330d Nr. 1**

Verunreinigen	Wenn sich das Gewässer in seinem **äußeren** Erscheinungsbild nach dem Eingriff des Täters als weniger rein darstellt als zuvor => Beispiele: Trübung, Ölspuren. Allerdings ist eine **schädliche** Verunreinigung des Gewässers nicht erforderlich, **schlichte** Unsauberkeit des Wassers reicht aus!
Nachteilige Veränderung	Nicht sichtbare Veränderungen der Wassereigenschaft durch Verschlechterung der physikalischen, chemischen oder biologischen Wasserbeschaffenheit

§ 324a

Stoffe	Alle Substanzen, die die Beschaffenheit des Bodens **nachteilig** verändern können
Einbringen	**Verursachung** einer **Kontamination** des Bodens mit Fremdstoffen
Eindringen lassen	Pflichtwidriges **Nichtverhindern** des Eindringens von Stoffen in den Boden
Freisetzen	Herbeiführung einer Lage, in der sich der Stoff **unkontrollierbar** ausbreiten kann
Verunreinigen	Siehe bei § 324
Verwaltungsrechtliche Pflicht	Legaldefinition in **§ 330d Nr. 4**

Nachteilige Veränderung	Vergleich der Bodenqualität **vor** und **nach** dem Eintritt der Stoffe

§ 325

Verwaltungsrechtliche Pflicht	Legaldefinition in **§ 330d Nr. 4**
Schadstoffe	Legaldefinition in **§ 325 IV**
Freisetzen	Siehe bei § 324a

§ 326

Abfälle	Alle beweglichen Sachen, denen sich der Besitzer endgültig entledigt oder entledigen will (**sog. gewillkürter Abfall**) oder deren geordnete Entsorgung zur Wahrung des Allgemeinwohls geboten ist, denen sich der Besitzer also entledigen muss (**sog. Zwangsabfall**)
Gift	Jeder Stoff, der zur **Zerstörung** der menschlichen Gesundheit geeignet ist
Ablassen	Jegliches **Ausfließenlassen** von Flüssigkeiten
Beseitigen	Jedes Verhalten, welches darauf ausgerichtet ist, die betreffende Sache der Natur zu überlassen und sich ihr **endgültig** zu entledigen
Verwaltungsrechtliche Pflicht	Legaldefinition in **§ 330d Nr. 4**

Amtsträger	Legaldefinition in § 11 I Nr. 2
Für öffentlicher Dienst Verpflichteter	Legaldefinition in § 11 I Nr. 4 => Beispiele: Praktikanten, Schreibkräfte
Fordern	**Einseitiges** ausdrückliches oder konkludentes Verlangen einer Leistung => Auch in versteckter Form möglich! Es kommt auch nicht darauf an, dass der Aufgeforderte dies erkennt
Sich-Versprechen-Lassen	Ausdrückliche oder stillschweigende **Annahme** eines Angebots einer späteren Zuwendung
Annehmen	**Tatsächliches Entgegennehmen** eines geforderten oder angebotenen Vorteils
Vorteil	Jede Leistung **materieller** oder **immaterieller** Art, auf die der Amtsträger oder der Dritte keinen Anspruch hat und die seine wirtschaftliche, rechtliche oder auch nur persönliche Lage **objektiv** verbessert => Beispiele für materielle Vorteile: Geld-, Sachgeschenke, Finanzierung von Reisen; immaterieller Vorteil: z. B. Gewährung sexueller Handlungen

Dienstausübung

Liegt vor, wenn die Handlung zu den dienstlichen Obliegenheiten des Amtsträgers gehört und von ihm in dienstlicher Eigenschaft vorgenommen wird => Nicht: Privathandlungen!

Privathandlung

Handlung, die mit dem Aufgabenbereich des Amtsträgers in **keinerlei** Beziehung steht und die lediglich bei Gelegenheit der Dienstausübung oder während der Dienstzeit ausgeübt wird

§ 333

Versprechen

Ausdrückliche oder konkludente **Inaussichtstellung** eines Vorteils => **Zusicherung**

Gewähren

Tatsächliche Zuwendung der geforderten oder angebotenen Leistung

Anbieten

Eine auf den Abschluss einer Unrechtsvereinbarung gerichtete ausdrückliche oder konludente einseitige Erklärung, die dem Erklärungsempfänger zugegangen sein muss => **Offerte**

§ 339

Rechtssache

Wenn über **widerstreitende** Interessen in einem förmlichen Verfahren nach **Rechtsgrundsätzen** zu entscheiden ist => Abgrenzung zum bloßen Verwaltungsverfahren!

Beugung des Rechts	**Verletzung** des geltenden materiellen oder prozessualen Rechts => Beispiele: Sachverhaltsverfälschung, unrichtige Anwendung des geltenden Rechts, Ermessensmissbrauch, Verletzungen von Aufklärungspflichten. Rechtsbeugung kann sowohl durch **Tun** als auch durch **Unterlassen** geschehen! Maßstab, der nach h.M. an die Rechtsbeugung angelegt wird: Der obj. Tb. der Rechtsbeugung liegt vor, wenn sich die Entscheidung nicht mehr im Rahmen des **objektiv** noch Vertretbaren bewegt (**objektive Theorie**).

§ 348

Amtsträger	Legaldefinition siehe **§ 11 I Nr. 2**
Öffentliche Urkunde	Siehe bei § 271
Falsch	**Unwahr** bzw. unrichtig
Beurkunden	**Feststellung** einer Tatsache in der vorgeschriebenen Form und in einer Art und Weise, die dazu bestimmt ist, **Beweis** für und gegen jedermann zu erbringen => Wenn nur beurkundet wird, dass eine Erklärung abgegeben wurde, dann ist **nur** die Abgabe der Erklärung beurkundet, nicht jedoch ihre inhaltliche Richtigkeit!

104

Sachregister

A

B

D

E

F

G

106

H

I

K

L

M

107

N

O

P

Q

R

S

108

T

U

Paragraphen

Die §§ 113 bis 338 sind ab der Seite 38 aufsteigend angeordnet!

Neu! Hörbuch (Audio-CD)
Definitionen für die Strafrechtsklausur

7,90 €

Einführung in das Strafrecht (BT) 1
Mit Beispielen und Schemata
für den leichten Einstieg
- Vermögensdelikte -
ISBN 978-3-86724-048-2
7,90 €

Einführung in das Strafrecht (BT) 2
Mit Beispielen und Schemata
für den leichten Einstieg
- Nichtvermögensdelikte -
ISBN 978-3-86724-049-9
7,90 €

Neu! Hörbuch (Audio-CD)
Basiswissen Strafrecht AT
Ca. 72 Minuten
ISBN 978-3-86724-092-5
7,90 €

Neu! Hörbuch (Audio-CD)
Basiswissen StPO
Ca. 79 Minuten
ISBN 978-3-86724-094-9
7,90 €

Standardfälle Strafrecht
Zur gezielten Vorbereitung auf die
Übung für Anfänger
Band 1
218 Seiten
ISBN 978-3-86724-040-6
9,90 €

Standardfälle Strafrecht
Zur gezielten Vorbereitung auf die
Übung für Fortgeschrittene

288 Seiten
ISBN 978-3-86724-042-0
9,90 €

112

▶ Unsere 📖 Skripten 📇 Karteikarten 🎧 Hörbücher (Audio-CDs)

Zivilrecht (je 7 €*)

- 📖 Standardfälle für Anfänger und 📖 Standardfälle für Fortg.
- 📖 Grundlagen und Fälle BGB für 1. und 2. Sem. (9,90 €)
- 📖 Standardfälle BGB AT
- 📖 Standardfälle Schuldrecht (7,90 €)
- 📖 Standardfälle Ges. Schuldverh. (§ 677, 812, 823) (7,90 €)
- 📖 Standardfälle Sachenrecht
- 📖 Standardfälle Familien- und Erbrecht
- 📖 Originalklausuren Übung für Fortgeschrittene
- 📖 🎧 Basiswissen BGB (AT) (Frage-Antwort)
- 📖 🎧 Basiswissen SchuldR (AT) und 📖 🎧 SchuldR (BT)
- 📖 🎧 Basiswissen Sachenrecht, 📖 🎧 FamR, 📖 🎧 ErbR
- 📖 Einführung in das Bürgerliche Recht
- 📖 Studienbuch BGB (AT) (9,90 €)
- 📖 Studienbuch Schuldrecht (AT) (9,90 €)
- 📖 Schuldrecht (BT) 1 - §§ 437, 536, 634, 670 ff.
- 📖 Schuldrecht (BT) 2 - §§ 812, 823, 765 ff.
- 📖 SachenR 1 - Bewegl. S., 📖 SachenR 2 - Unbewegl S.
- 📖 Familienrecht und 📖 Erbrecht
- 📖 Streitfragen Schuldrecht
- 📖 🎧 Definitionen für die Zivilrechtsklausur (9,90 €)

Strafrecht (je 7 €*)

- 📖 Standardfälle für Anfänger Band 1 (9,90 €)
- 📖 Standardfälle für Anfänger Band 2
- 📖 Standardfälle für Fortgeschrittene (9,90 €)
- 📖 🎧 Basiswissen Strafrecht (AT) (Frage-Antwort)
- 📖 Basiswissen Strafrecht (BT) in Vorbereitung
- 📖 Strafrecht (AT)
- 📖 Strafrecht (BT) 1 - Vermögensdelikte (7,90 €)
- 📖 Strafrecht (BT) 2 - Nichtvermögensdelikte (7,90 €)
- 📖 Jugendstrafrecht/Strafvollzug/Kriminologie
- 📖 🎧 Definitionen für die Strafrechtsklausur

Öffentliches Recht (je 7 €*)

- 📖 Standardfälle Staatsrecht I - StaatsorgaR (9,90 €)
- 📖 Standardfälle Staatsrecht II - Grundrechte (9,90 €)
- 📖 Standardfälle für Anfänger (StaatsorgaR u. Grundrechte)
- 📖 Standardfälle Verwaltungsrecht (AT) (7,90 €)
- 📖 Standardfälle Verwaltungsrecht für Fortgeschrittene
- 📖 Standardfälle Baurecht (7,90 €)
- 📖 Standardfälle Europarecht (7,90 €)
- 📖 Standardfälle Kommunalrecht (7,90 €)
- 📖 🎧 Basiswissen Staatsrecht I - StaatsorgaR (Frage-Antw.)
- 📖 🎧 Basiswissen Staatsrecht II - GrundR (Frage-Antw.)
- 📖 Basiswissen Verwaltungsrecht AT- (Frage-Antwort)
- 📖 Studienbuch Staatsorganisationsrecht (9,90 €)
- 📖 Studienbuch Grundrechte (9,90 €)
- 📖 Studienbuch Verwaltungsrecht AT (9,90 €)
- 📖 Studienbuch Europarecht (9,90 €) u. 🎧 Basiswissen EuR
- 📖 Staatshaftungsrecht (7,90 €)
- 📖 Verwaltungsrecht (AT) 1 - VwVfG u. 📖 (AT) 2 - VwGO
- 📖 Verwaltungsrecht (BT) 2 - BauR u. 📖 (BT) 3 - UmweltR
- 📖 🎧 Definitionen Öffentliches Recht (9,90 €)

Steuerrecht (je 7 €*)

- 📖 Abgabenordnung (AO)
- 📖 Einkommensteuerrecht (EStG) (7,90 €)
- 📖 Umsatzsteuerrecht (UStG) (7,90 €)
- 📖 Erbschaftsteuerrecht: erscheint ca. November 2008!
- 📖 Steuerstrafrecht/Verfahren/Steuerhaftung (7,90 €)

Sozialrecht (je 7 €*)

- 📖 Kinder- und Jugendhilferecht
- 📖 Sozpäd. Diagn.: SPFH & ambul. Hilfen d. KJH
- 📖 Sozialrecht

Nebengebiete (je 7 €*)

- 📖 Standardfälle Handels- & GesellschaftsR
- 📖 Standardfälle Arbeitsrecht (7,90 €)
- 📖 🎧 Basiswissen Handelsrecht (Frage-Antwort)
- 📖 🎧 Basiswissen Gesellschaftsrecht (Fra.-Antwort)
- 📖 🎧 Basiswissen ZPO (Frage-Antwort) (7,90 €)
- 📖 🎧 Basiswissen StPO (Frage-Antwort)
- 📖 Handelsrecht
- 📖 Gesellschaftsrecht
- 📖 Arbeitsrecht (7,90 €)
- 📖 Kollektives Arbeitsrecht (7,90 €)
- 📖 ZPO I - Erkenntnisverfahren (7,90 €)
- 📖 ZPO II - Zwangsvollstreckung
- 📖 IPR (9,90 €) und 📖 Standardfälle IPR (9,90 €)
- 📖 Insolvenzrecht
- 📖 Gewerbl. Rechtsschutz/Urheberrecht (7,90 €)
- 📖 Wettbewerbsrecht (7,90 €)
- 📖 500 Spezial-Tipps f. Juristen (10,90 €)
- 📖 Mediation (7,90 €)

Karteikarten (je 8,90 €)

- 📇 Zivilrecht: BGB AT/SchuldR/SachenR/Schemata
- 📇 Strafrecht: AT/BT-1/BT-2/Streitfragen
- 📇 Öffentliches Recht: StaatsorgaR/GrundR/VerwR
- 📇 Nebengebiete: ab November 2008

Assessorexamen (je 7 €*)

- 📖 Die Relationstechnik
- 📖 Der Aktenvortrag im Strafrecht
- 📖 Der Aktenvortrag im Wahlfach Strafrecht
- 📖 Der Aktenvortrag im Zivilrecht
- 📖 Der Aktenvortrag im Öffentlichen Recht
- 📖 Urteilsklausuren Zivilrecht
- 📖 Anwaltsklausuren Zivilrecht
- 📖 Staatsanwaltl. Sitzungsdienst & Plädoyer (7,90 €)
- 📖 Die strafrechtliche Assessorklausur
- 📖 Die öff.-rechtl. Assessorklausur Bd.1 (7,90 €)
- 📖 Die öff.-rechtl. Assessorklausur Bd.2
- 📖 Zwangsvollstreckungsklausuren
- 📖 Vertragsgestaltung in der Anwaltsstation

BWL & VWL (je 7 €*)

- 📖 Einführung in die Betriebswirtschaftslehre
- 📖 Einführung in die Volkswirtschaftslehre
- 📖 Ratg. „500 Spezial-Tipps für BWLer"
- 📖 Rechnungswesen
- 📖 Marketing
- 📖 Organisationsgestaltung & -entwickl. (7,90 €)
- 📖 Internationales Management
- 📖 Unternehmensführung
- 📖 Wie gelingt meine wiss. Abschlussarbeit?
- 📖 Ratgeber Assessment Center

Schemata (je 9,90 €)

- 📖 Die wichtigsten Schemata - ZivR,StrafR,ÖR
- 📖 Die wichtigsten Schemata - Nebengebiete

* 7,00 €, soweit nicht ein anderer Preis in ( ) angegeben ist! Irrtümer/Änd. vorbehalten!

🎧 bedeutet: auch als **Hörbuch** (Audio-CD) lieferbar (7,90 €)

Im **niederle-shop.de** bestellte Artikel treffen idR *nach 1-2 Werktagen* ein!